〔正誤表〕

本書二六ページ五行目に誤りがありました。
深くお詫びし、左記のように訂正いたします。

（誤）「火の尾」
（正）「火の穂」

新日本出版社　編集部

滅びゆく日本の方言

佐藤亮一

新日本出版社

まえがき

本書は、筆者が二〇一〇年から五年間、NHKラジオ深夜便「くらしの中のことば」で話した内容をもとに、あらたに書き下ろしたものである。日本の伝統的な方言（明治時代から昭和前期にかけて全国各地で使われていた方言）を中心に、「自然」「食物・料理・味」「人間・生活」「動植物」「遊戯」「文法的特徴」などのテーマ別に、方言の分布（地域差）、ことばの由来、語形誕生の順序、日本語の歴史との関係などについて、分かりやすく解説した。また、方言の機能の変化、現代社会における方言の役割についても記した。

とりあげた方言の大部分は、国立国語研究所編『日本言語地図』全六巻（一九六六～七五年）に載っているものである。ただし、「文法的特徴」の章は、おもに国立国語研究所編『方言文法全国地図』全六巻（一九八九～二〇〇六年）によった。

『日本言語地図』は一九五五（昭和三〇）年から一〇年間かけて、全国二四〇〇ヵ所で、一九〇三（明治三六）年以前に生まれた男性を対象に調査した結果を地図にしたものである。『方言文法全国地図』の調査は、一九七六（昭和五一）年から七年間かけて、全国八〇七ヵ所で、一九二五年（大正末年）以前に生まれた男性を対象におこなった（女性はよその村や集落から嫁《とつ》いできた人が多いので、高年層の男性（原則六〇歳以上）を対象に調査した。しかしこの場合、女性が多く使うことばが拾われにくいという問題もあった）。『日本言語地図』は調査・編集に二〇年、『方言文法全国地図』は三〇年の歳月を費《つい》やした。

『日本言語地図』『方言文法全国地図』の調査は、全国の方言研究者と各地在住の方々の協力の下になされたものである。あらためて感謝申し上げたい。

『日本言語地図』の企画・調査が始まったのは、私がまだ高校生のころである。私はその後半の調査・研究に参加し、続く『方言文法全国地図』の企画・調査・編集には共同研究者の一人として全体を通して取り組んだ。これらの仕事は、いまも続く私の方言研究の土台であり、研究人生そのものといえる。

本書に掲載した方言地図は、『日本言語地図』の略図である。『日本言語地図』の原図は色刷りであり、略図をはるかに超える膨大な数の方言が鮮やかな分布を見せている。この地図集を繙《ひもと》く者は、民衆が生み出したことばの海の豊かさに胸をうたれるであろう。機会があれば、図書館などで原図を見てほしい。

江戸時代の全国方言辞典に『物類称呼《ぶつるいしょうこ》』（一七七五年）があるが、『日本言語地図』にみられることばは、その時代から大きくは変化していない（三四ページ参照）。その後のテレビの普及や交通網の発達などが人々の暮らしやことばに与えた影響を考えれば、本書で紹介する伝統的な方言は、いまでは貴重である。

『日本言語地図』に見られる伝統的な方言の多くは、残念なことに、共通語化の波におされて消滅の危機に瀕している。しかし、『方言文法全国地図』における文法的特徴には、今でも使われている形式（ことば）が多い。

本書のタイトルは、そのような消滅の危機にある方言を多く紹介したいという意図からつけたものであるが、消えゆく方言がある一方で、新しい方言も各地で誕生している。ことばは常に変化し続けるものであり、方言も例外ではない。方言が消滅する（つまり全国が同じことばになる）ことは考えられない。言語はその多様性ゆえに生き続けるものである。もし日本の方言（地域差）がなくなるときがあるとすれば、それは日本語自体が消滅するときであろう。

末筆になりましたが、本書の刊行を勧めてくださった前著『生きている日本の方言』（新日本出版社）の編集者（当時）の志波泰男氏、ならびに筆者の原稿に丁寧に目を通し、多くの助言をくださった新日本出版社の五島木実氏に感謝申し上げます。

二〇一五年七月　　佐藤亮一

滅びゆく日本の方言＊目次

Ⅲ　食物・料理・味　45

Ⅳ　人間・生活　63

装画・扉絵＝富樫智子

I　方言とは何か

方言とは

方言（dialect）とは、それぞれの地域の人々が話している言語である。厳密に言えば、その地域に生まれ育った人が、同じ地域の親しい人と話すときのことば（の総体）である。

日本は方言の豊かな（ことばの地域差の大きい）国である。青森の人と鹿児島の人がそれぞれの方言で話してもまったく通じない。したがって、よその地方の人と話すときには**共通語**を使う。戦前までは共通語を使えない人が多かったが、現代では老いも若きも方言と共通語を使い分けて生活している。

共通語（common language）とは、地域を越えて広く使われる言語または方言のことである。英語は世界の共通語になりつつある。現代の日本では、東京で使われていることば（東京方言）が共通語として使われている。同じ東京でも、昔は山の手と下町でかなりの違いがあった。しかし今では、首都圏に住む大多数の人々のことばに大きな違いは見られない。したがって、現代では首都圏方言が共通語として機能しているとも言える。

日本語は地域差が大きいが、一方で地域差のほとんど見られないことばも少なくない。空、雨、竹、机、先生、学校、テレビ、ラジオなどは、こまかい音声やアクセントの違いは別として、全国で同じことばが使われている。したがって、これらもそれぞれの地域の方言の一部である。「さつまいも」を意味する九州地方の「カライモ」のように共通語と語形の異なる単語や、「捨てる」を意味する東北地方の「ナゲル」のように共通語と語形が同じで意味が異なる単語は、**俚言**《りげん》と呼んで方言とは区別される。しかし一般には、この俚言を指して方言と呼ぶことが多い。

共通語と似た意味のことばに**標準語**（standard language）がある。共通語と標準語は同じ意味で使われることもあるが、厳密には区別すべき概念である。共通語は（スピーチをするときのような）あらたまった場面や、よその地方の人との会話などで現実に使われている話しことばである。それに対して、標準語は、人々が規範として正しいと認識していることば（言語形式）であり、書きことば的な性格が強い。ラジオやテレビのニュースで使われていることばは標準語である。同じメディアでも、インタビューや対談などで話されていることばは共通語である。具体例をあげれば、「しょっぱい」「こわい」「行っちゃった」などは共通語であり、「塩辛い」「おそろしい」「行ってしまった」が標準語である。「見れる」「来《こ》れる」などの「ラ抜きことば」は今のところ標準語と認められていないが、この言い方は全国に広がりつつあり、共通語になりつつあると言えるだろう(一七一ページ参照)。

同じ地域でも、高年層と若年層の使うことばには大きな違いがある。昔は職業や社会階層による言語差が大きかった。たとえば、同じ村でも、地主と小作人では「父」「母」の呼び方が違っていた。ある種の階層の女性が使っていた「ザアマスことば」もあった。このように、ことばづかいに世代差や階層差が見られるとき、それぞれの世代・階層の使う言語・表現は**社会方言**(social dialect)と呼ばれる。若者ことばは社会方言の一種である。社会方言に対して、地域差に着目した言語の違いは**地域方言**(local dialect)と呼ばれる。とくに、ことわりなしに方言と言えば、地域方言を指すのがふつうである。

方言は地域社会をまとめるはたらきをもっている。つまり、方言は地域のアイデンティティーなのである。昔は地域社会の最小単位は小字《こあざ》であった。消防団などは小字ごとに集会を開いていた。したがって、方言は小字ごとに違っている。

方言の生成と伝播

方言はなぜ生まれるのだろうか。

ことばは時代とともに少しずつ変化していく。現代でも、高年層と若年層のことばは違う。明治時代と現代では、ことばづかいにかなりの差が見られる。奈良時代、平安時代、鎌倉・室町時代、江戸時代、現代の言語差はきわめて大きい。

交通網が発達している現代とは異なり、昔は地方に住む人々どうしの交流はほとんどなく、ごく一部の人を除いて、多くの人は自分が生まれた村や町を離れることがなかった。そのために、各地でことばが違う方向に変化し、ことばの地域差（方言）が生まれたのである。

日本の方言が生まれた時期は明白ではない。しかし、少なくとも一〇〇〇年以上前にはすでに、全国にさまざまな方言があったと考えられる。『万葉集』の東歌《あずまうた》（巻一四）と防人歌《さきもりうた》（巻二〇）には、東国《とうごく》（東日本）の方言が記載されている。

東歌では、たとえば「父母」をさすことばは「あもしし」、「ことば」は「けとば」と書きあらわされている（「あも」は母、「しし」は「父」の意味であり、現代の「ちちはは」と順番が逆の表現になっていることはおもしろい）。「ふろよき」（降る雪）、「あしけひと」（悪しき人）などの語形も見られる。このような東歌に見られることばの一部は、現代の八丈島方言の中に残っている。現在、東日本で使われている打ち消しの助動詞「ない」（例＝読まない）は、『万葉集』の東国方言「なふ」の変化と考えられている。西日本方言の打ち消しの「ん」（例＝読まん）は古語「ぬ」の変化である。

方言は、政治・文化の中心地から、水の波紋のように周辺に広がっていく。したがって、日本で使われている方言には奈良や京都で生まれ、地方で独自の変化をとげたものが多い。たとえば、平安時代に京都で使われていた「つらら（氷柱）」を意味する「たるひ」は、タルヒ・タロッペ（東北）、タルキ・タンタルキ（北陸）、タロミ・タロヨン（九州）などの形で日本の周辺地域に残っている（三〇ページ参照）。柳田《やなぎた》國男の唱えた「方言周圏論」は、この事実をもとに論じたものである（二一、一〇二ページ参照）。

ちなみに、方言が地方に伝わっていく速度は、年速約一キロメートルという研究がある。京都で生まれたことばが青森に到達するには一〇〇〇年以上かかることになる。

Ⅱ 自然

かみなり（雷）――昔は「ナルカミ」（鳴神）と言っていた

「かみなり」の語源が「神鳴り」であることはご存じだろうか。現代人は、この語源をそれほど意識していないだろう。「雷」は恐ろしいものであり、畏敬すべきものであるから、方言の世界では**カミナリサマ**、**オカミナリサマ**のように敬称をつけて呼んでいるところが多い。「雷」を単に**カミサマ**という地域もあるが、そのような地域では雷が鳴ると「神様が鳴っている」「神様が来た」のように表現するのであろうか。

沖縄本島ではカミナリの変化形である**カンナミ**が多い。沖縄の先島諸島（宮古・八重山諸島など）では**カミトゥユム**と言っているが、これは「神が鳴り響いている」という意味と思われる。

中国・四国・九州の一部、能登半島、青森県の下北半島では、**ナルカミ**（**サマ**）と言っている。「鳴る神」は「神鳴り」よりも古い語形で、万葉集にも用例がある。ナルカミ（サマ）という方言は日本の両端に分布しており、その分布から見ても古い表現であることが分かる。このように、中央に語形Bがあり、その両側の地域に語形Aが存在するという分布形態を、方言学・言語地理学の分野では「周圏分布」または「ABA分布」（解説①）と呼ぶ。

---

①周圏分布・ABA分布・方言周圏論

ある語形を中心として、同じ語形がその周辺（両側）に分布している状態を言い、より外側にある語形ほど古いと推定される。ABA分布は、語形AAA（地域差なし）のところに新たに語形Bが生まれたために、Aが周辺に残ったと推定する。ABCBAの分布が見られれば、Cの地域でA→B→Cの順序で語が交替した（生まれた）と推定する。柳田國男が『蝸牛考《かぎゅうこう》』（一九三〇年）で提示した理論で、「方言周圏論」として有名である（一〇二ページ参照）。

高知に見られる**オナリ**も、ナルカミの変化であろう。

福井西部から京都北部にかけては、**ハタガミ**が見られる。これは「はたたく神」の意の「はたたがみ」が変化した形で、平安時代の辞書にも載っている古い語である（「はたたく」は「雷などがはげしく鳴る」という意味の動詞）。

東北地方の日本海沿岸で獲れる「はたはた」という魚は、雷が多い季節（一一月頃。秋田では冬に雷が鳴るという）に獲れるのでこの名がつけられたと言われている。「はたはた」は「かみなりうお」とも言い、秋田名物「しょっつる鍋」の具としても使われる。

長野北部や秋田・山形の一部では、**カンダチ**（**サマ**）、**オカンダチ**（**サマ**）と言っており、語源は「神立ち」である。「立つ」の本来の意味は「自然現象が目に見える形で現れる」ことで、「夕立」は午後から夕方にかけて起こる自然現象のことを言い、ほかに「雲が立つ」「虹が立つ」といった表現もある。

長野南部・岐阜南部・愛知全域・兵庫全域では、「雷」を**ユーダチ**（**サマ**）、**ヨーダチ**（**サマ**）と言っている。この地方では「夕立」と「雷」を区別せず、同じことばであらわすらしい。岩手北部では、逆に「夕立」をカンダチと言っている。

岩手・宮城・福島・茨城・栃木では、「雷」を音読みにした**ライ**（**サマ**）、**オライ**（**サマ**）である。方言の多くは和語（昔からの日本のことば）であり「雷《らい》」のように漢語（中国から入ってきたことば）が方言として使われる例は比較的めずらしい。秋田北部には**ランプ**という変わった呼称が見られるが、その周辺はライ（サマ）であるから、ランプも「らい（雷）」の変化かと思われる。しかしこれは、雷が鳴るときの稲光《いなびかり》から照明道具の「ランプ」を想像して語形の変化がおきた可能性もある。このように、語源に対する民衆の意識から語形が変化したり、新しい語形が生まれたりすることを「民衆語源」（解説②）という。

広島・香川・愛媛東部では**ドンドロ**（**サマ**）である。これは雷鳴をあらわす擬音語である。同様に**ゴロゴロ**（**サマ**）も各地に散在するが、この表現は幼児語としては全国的に使われている可能性がある。

ちなみに「雷が落ちる」ことを四国などで**アマル**、**アマラッシャル**と言っている。アマルは、「天降《あまお》る」の変化であろう。

②民衆語源・民間語源　民衆の語源意識により語形が変化したり、新しい語形が生まれたりすること。たとえば、先端が広がっていることから「シャベル」が「シャビロ」に変化したり、「土を掘る」という意識から「シャボル」という方言が生まれたりしている。山形や青森の一部では、「ヤノアサッテ」の「ヤ」を「八」と意識したことから、その次の日を「ココノサッテ」と呼んでいる（四二ページ参照）。

いなずま（稲妻）――「イナズマ」は稲の夫《つま》だった

稲妻をさすことばに、**イナビカリ**と**イナズマ**がある。これはどちらが「共通語」で、どちらが「標準語」だろうか（「共通語」と「標準語」の違いについては一五ページ参照）。

東京地方では「いなびかり」と言っている人が多いような気がするが、どうだろうか。「いなびかり」は話しことば的で、「いなずま」は書きことば的であると言えるかもしれない。

イナビカリとイナズマは、ともに全国に広く分布しているが、イナズマは東北地方や九州に多く、イナビカリは本州の中央部に多い。とくに近畿地方はイナビカリ一色で、イナズマはほとんど使われていない。イナビカリの両側にイナズマがあるという「周圏分布」（①）から、イナズマはイナビカリよりも古い表現であると推定される。

「いなずま」の歴史的仮名遣いは「いなづま」であり、「いなづま」は「稲の夫《つま》」という意味で、「つま」は古くは配偶者を意味した。古代日本では、稲光という霊的な存在が稲を実らせる（孕《はら》ませる）と信じられていたのである。

このことは、他の地域でもうかがえる。鹿児島や宮崎では「稲妻」を**タナゴテドン**、**ワセノトノジョ**、**イネントノゾ**、**ユメントノゾ**などと言っているが、ゴテドン、トノジョは「ご亭主」という意味である。ユメは「嫁」であろう。**イナオトコ**、**イネハラマセ**、**イネハラマエ**と言う地方もある。隠岐島には**イナツルビ**という表現が見られるが、ツルビは「つるぶ（交尾する）」（「つるむ」の古形）の名詞形であろう。

イナズマとイナビカリの両方を使う地域では、イナズマは雷鳴を伴うもの、イナビカリは音がしないものと、両者を区別して呼んでいる所もある。筆者もむかし、夜、稲の収穫期にたんぼ道を歩いていると、音のしない稲光が光っていたことを思い出す。

九州北部には、**ヒカリモン**という表現が多い。埼玉・栃木には、**オヒカリ**が勢力をもっている（オヒカリは宮城北部にも見られる）。そのほか、**ピカリ**、**ヒカヒカ**、**ピカピカ**、**ピッカリ**などのオノマトペ表現（擬音語や擬態語）も全国に散在している。

山形県庄内地方では、**カミナリノヒカリ**という長い表現である。同じ山形県でも日本海に浮かぶ飛島では、なぜか**カミナリ**である。また、**タテビカリ**、**ヨコビカリ**、**ヤマビカリ**という表現も見られるが、これらは稲妻の形をあらわしたものであろう。東北の三陸沿岸地域には、**ホデリ**という古いことばが残っている。

奄美・沖縄では、**フドゥリ**、**フディー**、**フジー**、**ヒジューリ**などが勢力をもっている。三陸沿岸のホデリも、奄美・沖縄のフディー類も、その語源は「火照り」である。「ほでりのみこと」「（顔が）ほてる」「ほのお（炎）」などの「ほ」は、いずれも「火」を意味する。「火」における「ヒ」と「ホ」は、「木」における「キ」と「コ」（木立など）と同じ、音韻交替による変化である（ちなみに、「ほのお（炎）」は「火の尾」という意味）。

ホデリやフディーは日本の両端に分布していることから、ホデリはイナズマよりもさらに古いことばであると推定される。

なお、沖縄県では宮古島のみにホデリ系の語がなく、**ンナピカリ**などのイナビカリ系の語が分布している。

以上のほか、**ヒバシラ**（兵庫・香川）、**デンキ**（岐阜）、**スカキ**（新潟県粟島）のような変わった表現も見られる。

つゆ（梅雨）――「ツユ」は西日本で生まれた共通語

共通語では、六月頃に長く降り続く雨を「ツユ」と呼び、「梅雨」「黴雨」の字を当てる。これは梅の実の時期に当たるからとも、黴《かび》がはえやすい時期だからとも言われている。**ツユ**は西日本の近畿・中国地方に広く分布し、東日本の大部分では**ニューバイ**（ニューベーなどを含む）である。つまり共通語のツユは「西日本生まれの共通語」（解説③）なのである。

③西日本生まれの共通語　現在、共通語（共通語形）とされていることばの中には、明治・大正期には関西で使われていた語が少なくない。「シアサッテ（ヤノアサッテ）」（カッコ内は東京で使われていた語）、「ヒマゴ（ヒコ）」「ツララ（アメンボー）」「チュンチュン（チーチー）」「ウロコ（コケ・コケラ）」「コワイ（オッカナイ）」「ケンケン（チンチン）＝片足跳び」などがその例である。これらの語は上方（関西）との交流により、飛火的に江戸（東京）にもたらされたものであり、「西日本生まれの共通語」と呼ばれる。

共通語では、「今年は入梅が早い」のように「入梅」は梅雨に入る時期をあらわす。しかし、東日本の大部分では「今年のニューバイは長いなあ」「いつニューバイが終わるんだろうか」のように、「梅雨の期間」をさすのである。

「つゆ」は本来「露」の意味であり、「梅雨」を意味するようになったのは室町時代以降である。平安時代には「梅雨」を単に「長雨」と言っていた。小野小町の有名な和歌「花の色はうつりにけりないたづらにわがみよにふるながめせしまに」（＊）の「ながめ」とは、「長雨」と「眺め」（物思いにふけりながら見ること）の意をかけたものである。

＊花の色も、春の長雨ですっかり色褪せてしまった。美しい私の容貌も物思いにふけってぼんやりと過ごしているうちにすっかり衰えてしまった。

この梅雨を意味する「ながあめ」「ながめ」は、**ナガアメ**、**ナガメ**、**ナガミ**、**ナガアレ**などの語形で東日本全域に散在するほか、奄美・沖縄地方全域で**ナガアミ**、**ナガミ**の形で使われている。

岐阜・福井・愛知・三重・奈良・和歌山のそれぞれ一部では、**ツユリ**、**ツイリ**が使われている。この語は中央の文献にも見られる古いもので、『易林本節用集《えきりんぼんせつようしゅう》』（一五九七年）に「墜栗花　ツイリ　霖雨」とある（「霖雨《りんう》」は「長雨」の意）。ツイリに「墜栗花」の字を当てるのは、この雨が降ると栗の花が散るからという説があるが、「墜栗」の音よみ（ツイリツ）

も関係していることは当然である。

四国と九州は、ほぼ全域が**ナガシ**、**ナガセ**である。ナガシの「シ」は天気が荒れる意味の「しける」「しけ」(「時化」は当て字)と関係があるかもしれない。

富山東部から新潟西部・佐渡にかけて、**サンズイ**、**サズイ**、**サゾエ**、**サゼー**が分布する。サンズイの語源は「散水」であるという説があるが、そうではなく、接頭辞の「さ」(さつき「五月」、さおとめ「早乙女」、さみだれ「五月雨」などの「さ」)と「つゆ」の変化形**ツイ**の合成語ではないかと考えられる(ツイもツユの領域の中に散在している)。

「北海道には梅雨がないと言われるが、道南地方(小樽から函館にかけての地域)には**ズリ**という独特のことばが見られる。語源は不明であるが、新潟付近のサズイとの関係も考えられる(北前船の存在も考慮すべきであろう〈一二四・一五三ページ参照〉)。

つらら（氷柱）――『源氏物語』では「たるひ」

「つらら」の方言は非常に多い。その中で、**タルヒ**、**ボーダレ**、**カネコーリ**、**ツララ**という四種類のことばが「周圏分布」（①）を形成している（図1参照）。

これらは、いずれも京都付近で生まれたことばで、中でも最も古いと考えられるのは**タルヒ**である。これは「垂氷」（氷が垂れる）という意味であり、「秋田・岩手・宮城」、「北陸」、「佐賀・長崎」の三地域に分かれて分布している。ただし、秋田北部はタルヒの変化形である**タロッペ**、**タロンベ**であり、北陸は**タルキ**や**タンタルキ**、佐賀・長崎は**タロミ**が多い。タロミの「ミ」は「水」かもしれない。

タルヒの次に古いと考えられるのは、タルヒの内側（山形県内陸地方と能登半島）に分布している**ボーダレ**である。これはつららの形状からの命名で、「垂れている棒」という意味であろう。山形では**ボンダラ**に変化している。ボーダレに似たことばに、熊本県と滋賀県で使われている**ホダレ**、**ホダラ**がある。これもボーダレと関係があるかもしれない。しかし、ホダレは「氷垂《ひだ》れ」の変化の可能性もある。

ボーダレの次に古いと考えられるのは、**カネコーリ**である。カネコーリは新潟から富山・岐阜北部にかけての広い地域に分布し、中国地方の一部と宮崎の一部にも見られる。

「つらら」を意味することばで最も新しいのは、近畿地方を中心として本州中央部に広く分布する共通語形のツララである。すなわち、ツララは「西日本生まれの共通語」(③)なのである。

東京を含む関東地方一帯と山梨・長野の一部では、**アメンボー**と言っている。これは「雨の棒」の変化であろう。

平安時代の京都では、「つらら」(氷柱)を「たるひ」と言っていた。そして、当時の「つらら」は「水面に張りつめる氷」の意味であった。

『源氏物語』の「末摘花《すえつむはな》」の巻には、「朝日さす軒のたるひは解けながら、などかつららの結ぼほるらむ」(朝日がさしている軒のつららは解けているのに、どうして池には氷が張っているのだろうか)という歌が載っている。「水面の氷」の意味であった「つらら」が、「軒先に下がる氷の棒」の意味に変化し、それに伴って、それまで使われていた「たるひ」は京都から追いやられ、地方の方言になったわけである。

九州北部では、**モーガンコ**、**マガンコ**である。これは農作業に使う「馬鍬《まぐわ》」(馬に引かせる鍬）と形が似ていることからの命名と考えられている。

大分県東部では**ヨーラク**と言っている。これは漢語の「瓔珞《ようらく》」に由来する。「瓔珞」のもとの意味は、「宝石を連ねて編んだ首飾り」のことである。また、島根県西部では**ナンリョー**と言っている。これも漢語「南鐐《なんりょう》」（美しい銀、または銀貨）に由来する。ヨーラクもナンリョーも、つららの美しさを賛美した表現である。なぜ、このようなむずかしい漢語が民衆の話しことばになるのだろうか。おそらく、首飾りを意味する瓔珞や南鐐は、仏像の飾りものと関係があるのではないかと思われる。つまり、仏教を通して民衆のことばになったのである。

鹿児島、愛媛、静岡、茨城などの沿岸地域に見られる**ビードロ**は、ポルトガル語でガラスの意味である（ちなみに、「ビー玉」のビーは「ビードロ玉」の縮約形）。日本では、西洋から渡来したガラス製品をビードロと呼んだが、朝日にきらめくつららが夢幻的なガラス細工を連想させたのであろう。「つらら」を意味するビードロが鹿児島から茨城に至るまでの海岸地域に分布していることは、言語の海上伝播を示唆していて興味深い。

ビードロの呼称は鹿児島県に多い。これは江戸時代に薩摩藩がガラス（ビードロ）をいち早く製造したことと関係があると思われる（現在でも薩摩切り子が製造されている）。

青森・秋田・山形では、**スガ**、**スガマ**、**スガンボー**が勢力をもっている。この地方では

図1　つらら（氷柱）

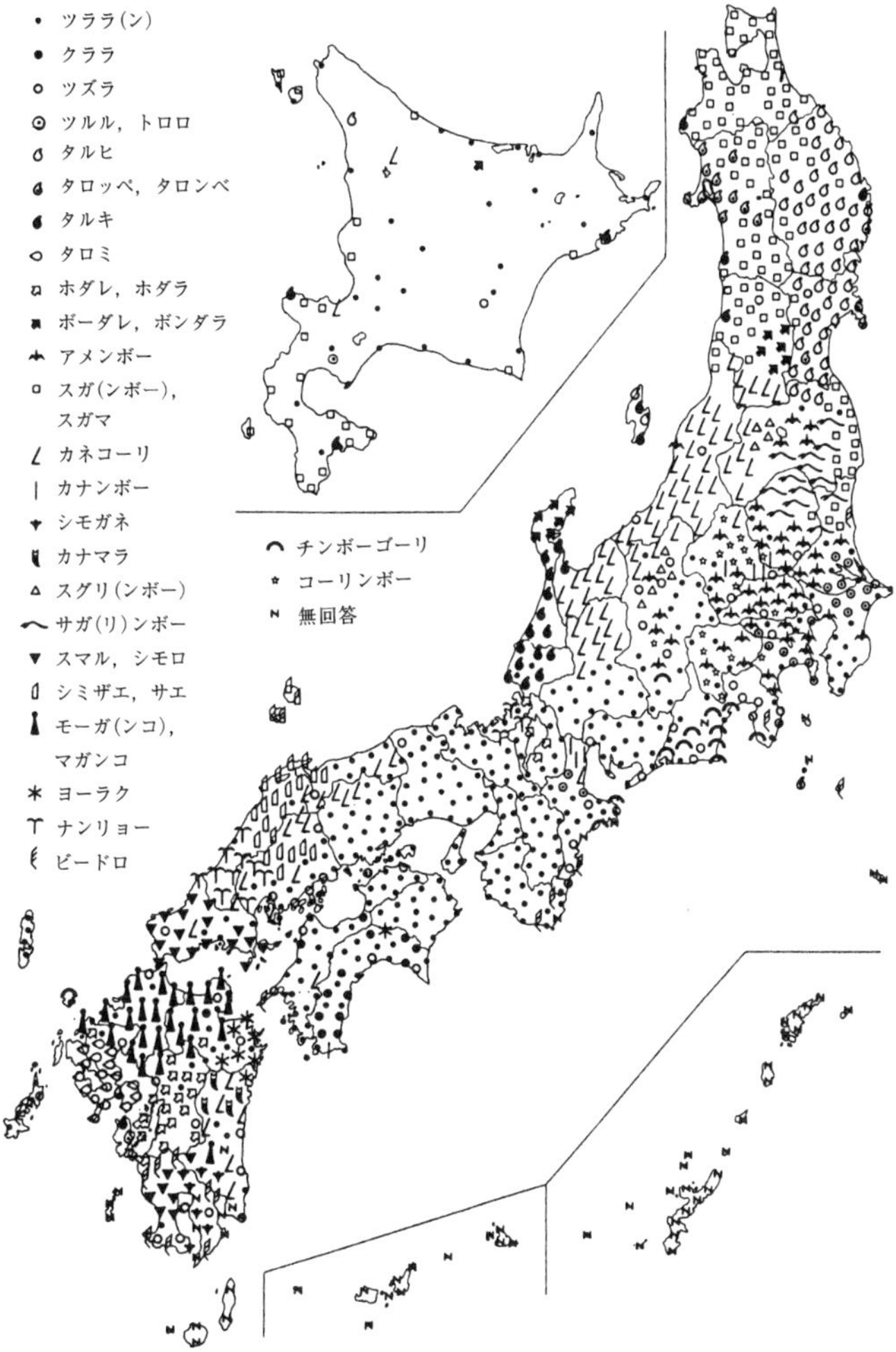

佐藤亮一監修『お国ことばを知る　方言の地図帳』（小学館）より

「氷」もスガ、スガマであり、「つらら」と「氷」を区別せずに同じ表現で呼ぶ傾向がある。宮崎の一部に見られる**カナマラ**、静岡に多い**チンボーゴーリ**、栃木・福島の**サガリンボー**などは素朴な命名と言えよう。

江戸時代半ばに越谷吾山《こしがやござん》という俳諧師が『物類称呼《ぶつるいしょうこ》』（一七七五年）という全国方言辞典を刊行している。この辞典の「つらら」の項目の記載は以下のとおりである（方言形については原典の平仮名を片仮名になおして示した）。

氷柱　つらら　たるひ　越後にてカナ氷《こり》と云。奥の津軽にてシガマといふ。同南部にて堕氷《だへう》と云。仙台にてタルヒと云。会津及信州辺にてスゴホリといふ。西国（九州）及近江辺にてホダレと云。下総にてトロロウといふ。下野にてボウガネと云。伊勢白子にてカナゴと云。出羽最上にてボンダラと云。

この分布状況は、明治生まれの人を調査した『日本言語地図』の分布とほとんど同じである（図1参照）。つまり、江戸時代から明治時代にかけて、日本の方言は大きくは変化していないことになる。

なお、「つらら」「たるひ」を見出し語にしていることから、当時はこのふたつを標準語形と意識していたことが分かる。

つむじかぜ（旋風）

――アラシ（嵐）の「シ」は「風」を意味する古語

枯葉を巻きあげる「つむじかぜ」の方言分布はかなり複雑であり、**シマキ**、**マキカゼ**、**マワリカゼ**、**ツジカゼ**などが「周圏分布」（①）を見せている（図2参照）。

このうち、シマキは青森県北部と宮崎県南部などに、マキカゼは東北地方一帯と沖縄などに見られ、分布からはどちらが古いか判定できない。東北地方の太平洋側と島根・山口の一部などに見られるマワリカゼと近畿地方の両側に分布しているツジカゼは、シマキやマキカゼよりも内側（京都寄り）に分布するから、前者は後者よりも新しい語であると推定される。マワリカゼとツジカゼは、分布の様子からマワリカゼの方が古そうである。

奈良時代の文献にもっとも多く現れるのは「つむじかぜ」（**ツムジカゼ**）である（以下、文献上の変遷は安部清哉による）。しかし、この語は平安時代になると次第に使われなくなり、代わりにツジカゼが勢力をもつようになる。

「しまき」は、「うちこゆるなみの音せばもらぬよりしまきの風ぞうちかへさまし」（源《みなもとの》順《したごう》）のように、平安時代の和歌に現れる。その歌語としての性格から、「しまき」が話しことばとして使われていたのはかなり以前にさかのぼると考えられる。

「しまき」の「し」は「風」を意味する古代語であり、現代語の「あらし」（嵐）の中にその痕跡をとどめている。上代（奈良時代）における「し」はすべて複合語（本来は独立した複数の単語が結合して新たに一つのことばとしての意味をもつようになった語）の中に現れるから、「し」が「風」の意味で単独で用いられていたのは文献時代以前であると推定される。

「つむじかぜ」は「しまき」に次いで古い語と考えられているが、言語地図によると関東地方を中心に広がっており、一見、新しい発生のように見える。この語は、話しことばとしては一度消滅したが、文章語として生き残っていたものが江戸時代になって復活し、江戸を中心に広がったものと推定されている。

マキカゼやマワリカゼは、古い文献には現れない。しかし、言語地図に見られる「周圏分布」（1）から、マキカゼ・マワリカゼはかつては京都でも使われていたもので、ツジカゼよりも古い語であると考えられる。マキカゼ・マワリカゼは、もっぱら民衆が用いた素朴な表現であるがゆえに、貴族層が使用する文献には載らなかったのであろう。

結論として、文献と方言分布の両面から、京都で生まれて周辺に広がっていった順序は、シマキ→ツムジカゼ→マキカゼ→マワリカゼ→ツジカゼであると推定される。

図2　つむじかぜ（旋風）

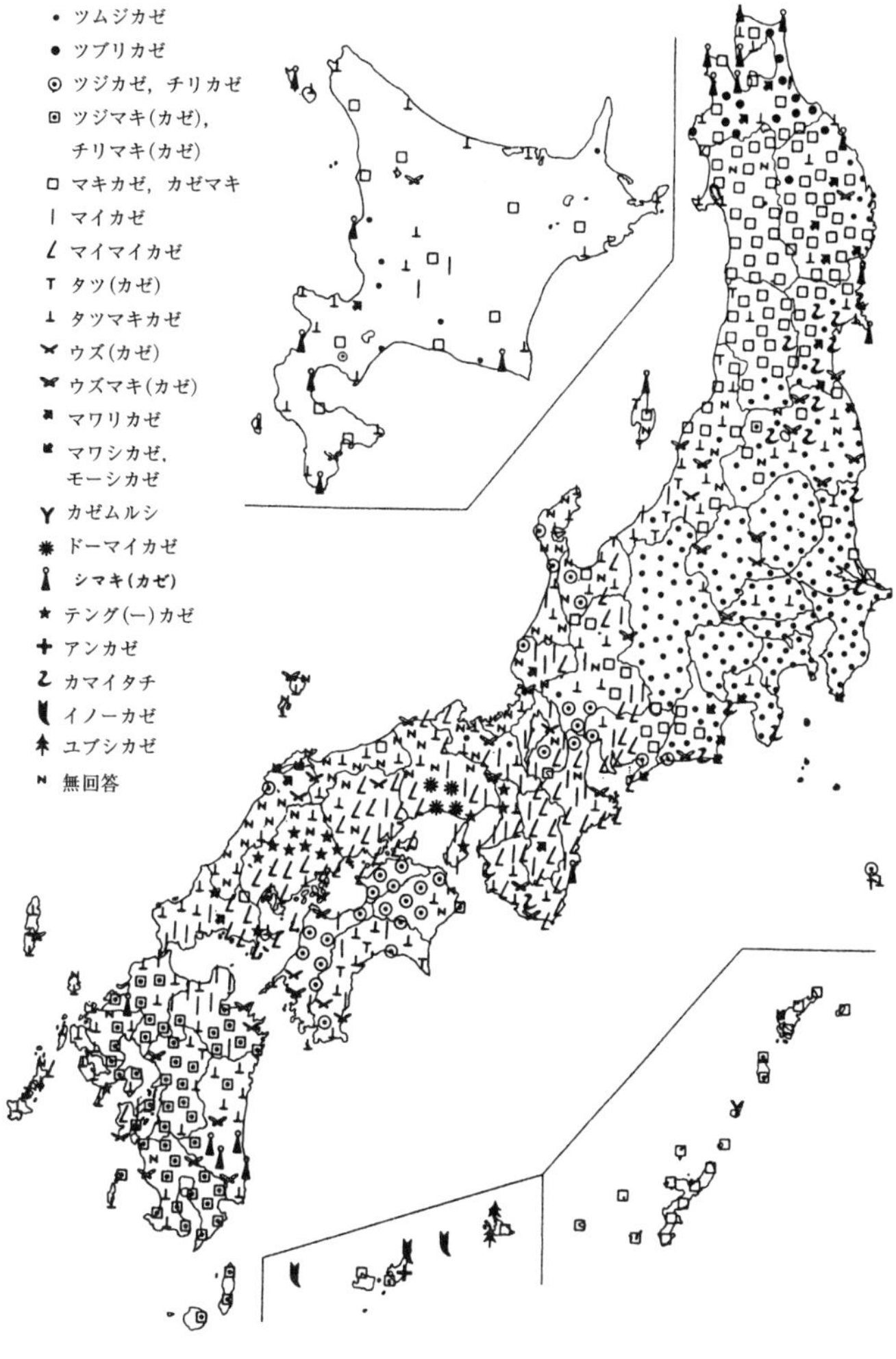

佐藤亮一監修『お国ことばを知る　方言の地図帳』（小学館）より

近畿地方では、**マイカゼ**や**マイマイカゼ**が使われており（図2参照）、これが京都における最新の語ということになる。「まいかぜ」は、文献の上では一八世紀から現れる新しい語である。

タツマキは、共通語としては海水を巻き上げたり建物を吹き飛ばしたりするような巨大な旋風のことであるが、この語が枯れ葉を巻き上げる「つむじ風」を意味する地方もかなり見られる。「つむじ風」と「竜巻」を区別せず、タツマキと言っているわけである。この表現が、どちらかというと海岸寄りの地域に分布していることは興味深い。

しあさっては何日目？

――「シアサッテ」か「ヤノアサッテ」か

同じことば（語形）が、地域によっては逆の意味になることがある。たとえば、**シアサッテ**は共通語では「あさっての翌日」を意味するが、東京都区内を除く関東地方の大部分（および山梨・新潟の一部）では「あさっての翌々日」を意味する（図3・4参照）。千葉県の人と都区内の人が「シアサッテに会おう」と約束するのは危険である。

図3に見られるように、「あさっての翌日」は、西日本の大部分が**シアサッテ**、東日本は**ヤノアサッテ**（**ヤナサッテ**、**ヤネアサッテ**などを含む）である。ただし、都区内では西日本系のシアサッテが使われている。

ヤノアサッテも、都区内では「あさっての翌々日」を指すことが多いが、関東地方の大部分では「あさっての翌日」を意味する（ただし、都区内にはシアサッテもヤノアサッテも同じ「あさっての翌日」の意味であると思っている人も存在する。筆者も子どものころはそう思っていた）。

図3　しあさって（あさっての翌日）

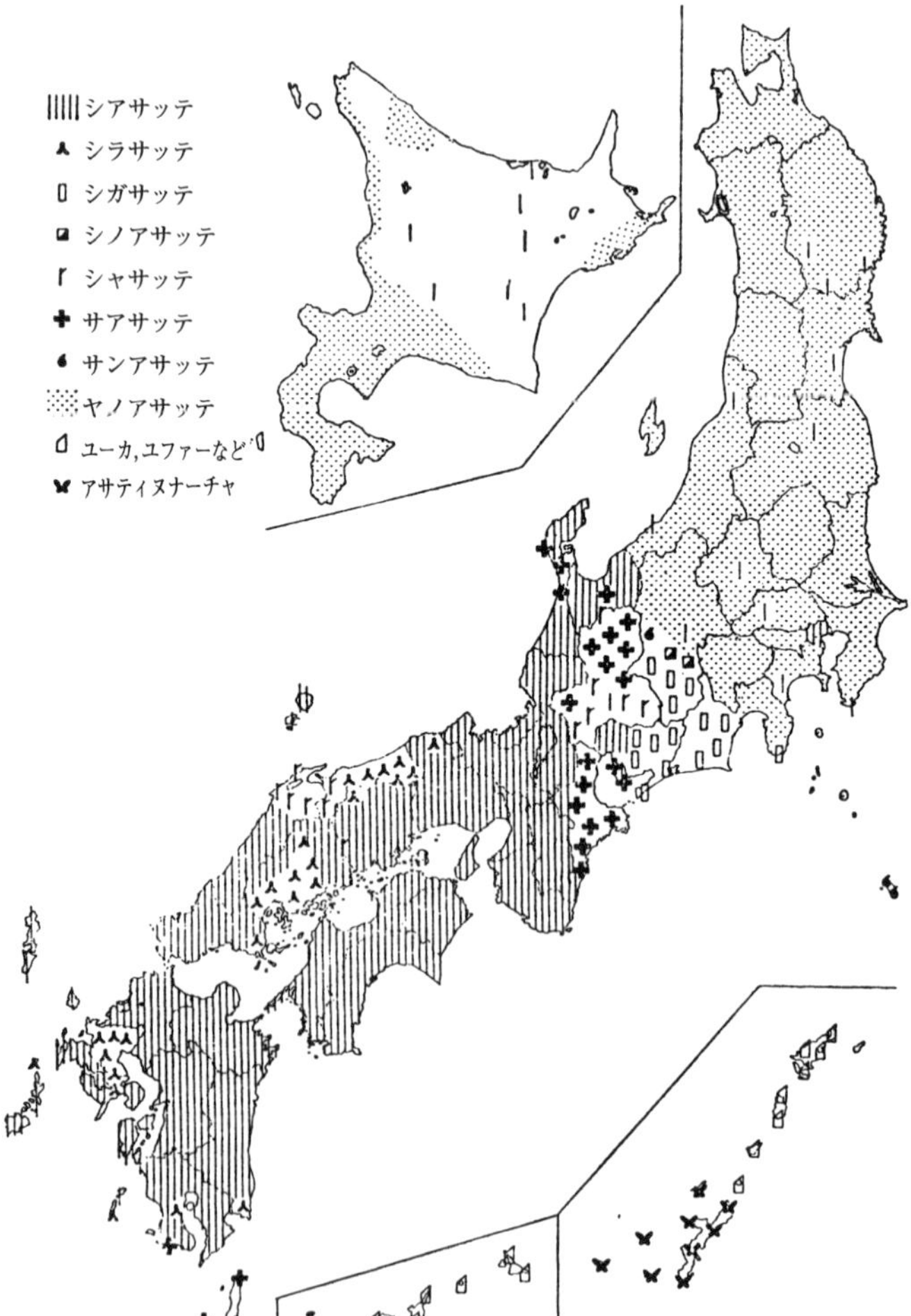

佐藤亮一作図。徳川宗賢編『日本の方言地図』（中公新書）より

図4　やのあさって（あさっての翌々日）

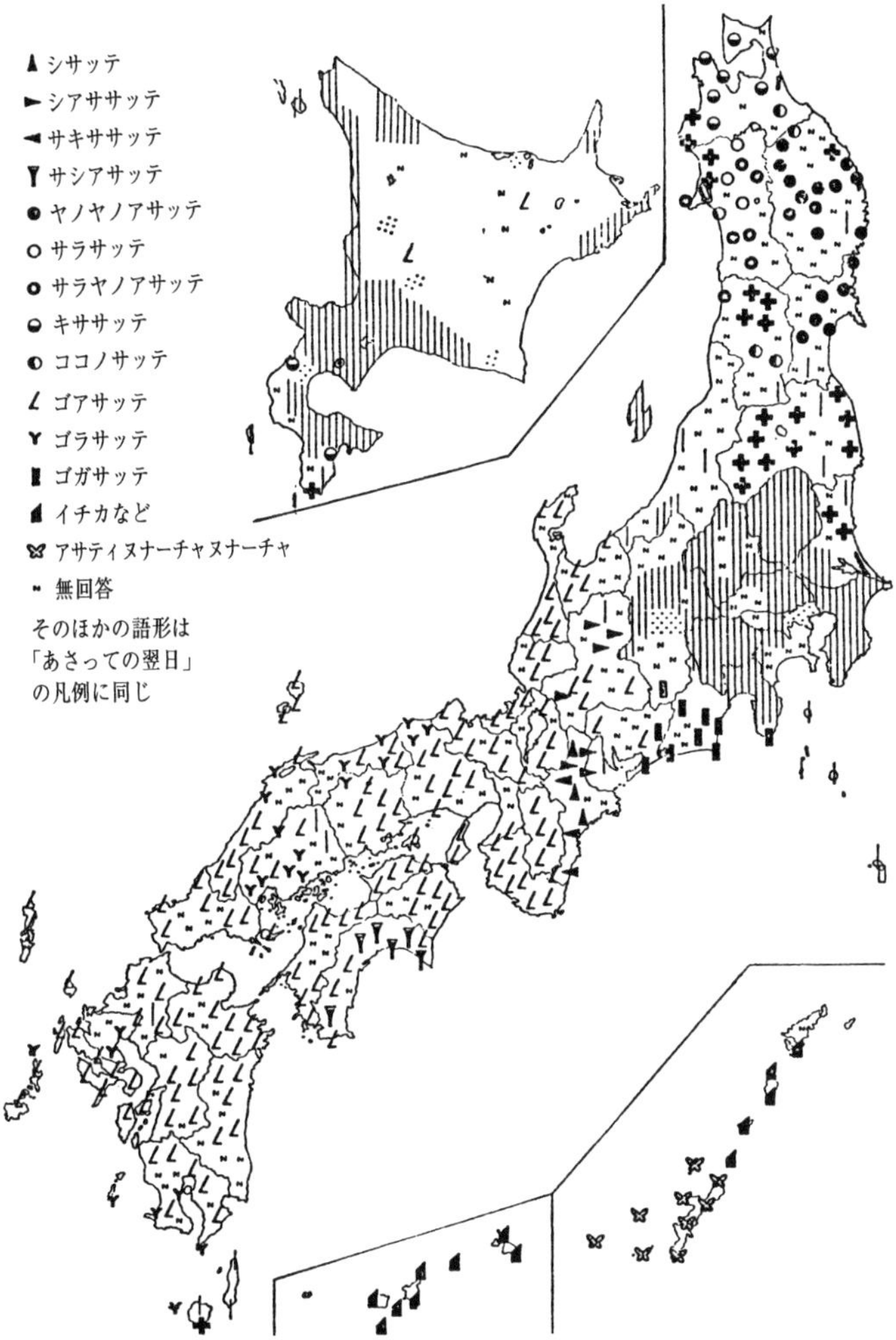

佐藤亮一作図。徳川宗賢編『日本の方言地図』（中公新書）より

表1 「あさっての翌日」と「あさっての翌々日」の方言分布

	あさっての翌日	あさっての翌々日
①都区内	シアサッテ	ヤノアサッテ
②関東地方の大部分・甲信越の一部	ヤノアサッテ	シアサッテ
③西日本各地	シアサッテ	ゴアサッテ
④青森県など	ヤノアサッテ	キササッテ
⑤岩手県・宮城県	ヤノアサッテ	ヤノヤノアサッテ
⑥秋田県など	ヤノアサッテ	サラヤノアサッテ
⑦山形県の一部ほか	ヤノアサッテ	ココノサッテ
⑧全国各地	シアサッテ（またはヤノアサッテ）	名称なし

図3・4を対照すると、「あさっての翌日」と「あさっての翌々日」の分布は、およそ表1のとおりである。

⑤⑥⑦の**ヤノヤノアサッテ**、**サラヤノアサッテ**、**ココノサッテ**は、「あさっての翌日」を意味するヤノアサッテをもとに生まれた（民衆が創造した）表現であろう。ココノサッテは民衆がヤノアサッテの「ヤ」を「八」と意識した（解釈した）結果生まれたものと考えられる。このように、民衆の自由な語源意識によって新しい語形が生まれる現象を「民衆語源」または「民間語源」（②）と呼んでいることは先にも述べたとおりである。

③の**ゴアサッテ**は、「あさっての翌日」を意味するシアサッテの「シ」を「四」と意識した結果、「四」の次は「五」（ゴ）という発想から

生まれたものであろう。

それでは、シアサッテとヤノアサッテの意味の逆転はなぜ起きたのだろうか。

地図に示したように、東日本では東京都区内のみが、西日本と同じシアサッテである。上方（関西）のことばが江戸に入って共通語になり全国に広がった例は非常に多い（③）。関西のシアサッテ〈あさっての翌日〉も江戸に侵入しようとしたが、ヤノアサッテの勢力が強かったために一日意味をずらして「あさっての翌々日」の意味で入り込み、その結果〈ヤノアサッテ――シアサッテ〉という体系が生まれ、それが関東一帯に広がったと思われる〈その背景にはもともと「あさっての翌々日」を意味する表現は全国的に存在しなかったという事情があろう〉。このように、方言が地方に伝播する際に、意味がずれる（変化する）例は非常に多い。

その後、関西のシアサッテがもともとの意味〈あさっての翌日〉で江戸に入ることに成功し、その際に従来のヤノアサッテが一日意味をずらしたために〈シアサッテ――ヤノアサッテ〉という新しい体系が誕生した。

以上が筆者の推定である。

Ⅲ　食物・料理・味

さといも（里芋）──芋煮会の定番

東北地方には「芋煮会」と呼ばれる行事がある。里芋を中心に、野菜・魚・肉などを大きな鍋に入れ、河原などで煮炊きして楽しむイベントである。料理の内容は地域によって異なり、たとえば山形県の場合、内陸地方（山形市など）では牛肉に醤油味であるが、庄内地方（酒田市・鶴岡市など）は豚肉に味噌味が普通である。

里芋は熱帯アジアの原産であるが、日本への渡来は古く、平安時代の辞書には「いへのいも」「いへついも」（「家の芋」の意）の名で記載されている。「家の芋」という呼び名は、山芋などに対して、この芋を家の近くで栽培したことによるものであり、「里芋」と同じ発想による命名である。広島の一部や長崎の五島に見られる**エノイモ**は、この呼称の残存であろう。

共通語の**サトイモ**は、関東から東海にかけての地域と島根・大分・鹿児島などで勢力をもっている。この呼称は、江戸時代の文献から現れる新しいことばで、江戸を中心に全国に広がった語形である。

『日本言語地図』には「イモの意味」という地図がある。これは、「イモと言えばどのイモを思い浮かべるか」とたずねて調査したものである。これによれば、イモは北海道・東北地方では「じゃがいも」を指し、近畿・中国・四国・沖縄では「さつまいも」、関東から東海地方にかけてと九州中央部は「里芋」を指す。後者の分布は、サトイモの呼称の分布とほぼ一致する（熊本・宮崎では「里芋」を単にイモと呼んでいる）。

北海道・東北には**イモノコ**が多い。これは全国に散在する**コイモ**とともに、親芋に対する子芋を指す名称が里芋の一般称になったものであろう。

そのほか、**タイモ**（近畿・北陸・四国ほか）、**ハタイモ**（宮城・福島・新潟・岐阜ほか）、**ズイキ**（**イモ**）（鳥取・兵庫・京都ほか）、**カラトリ**（**イモ**）（山形・宮城ほか）、**マイモ・ホンイモ**（長野ほか）、**タダイモ**（岐阜・三重ほか）、**ハイモ・ハビロイモ**（長野・岩手ほか）、**ツチイモ**（大阪・奈良ほか）、**エグイモ**（島根・山口ほか）、**エガイモ**（富山・新潟ほか）、**チンヌク**（沖縄本島）、**ムジ**（沖縄の先島諸島）など、全国に多様な呼称が生まれている。

タイモは「田芋」、ハタイモは「畑芋」で、サトイモ（里芋）と同様に、山芋に対して栽培植物であることに着目しての命名である。ズイキやカラトリは里芋の茎を指す呼称だが、それが里芋の一般称になったものであろう。この茎を食用にするために干したものは「いもがら」と言う。マイモは「真芋」、ホンイモは「本芋」で、外来の芋である「さつまいも」や「じゃがいも」に対する庶民の対抗意識がうかがえる。タダイモは「只の芋」という意味で、これも昔からある普通の芋という意識で命名されたものであろう。ハイモやハビロイモは、里芋の葉が大きいことに着目しての命名である。

エグイモ、エガイモは、「えぐい（えがらっぽい）味の芋」という意味であろう。この呼称は全国の広い地域で使われている。

チンヌクは、『日本言語地図』では沖縄本島全域に分布しているが、首里語を記載した『沖縄語辞典』（国立国語研究所編）によれば「鶴の子」が語源で、里芋の一種である「やつがしら」を指すという。同辞典によれば、ターンム（「田の芋」の意）と呼ばれる芋があり、水田に作る里芋に似た芋であるという。また、「ずいき」のことをムジまたはタームジと言うとあり、沖縄の先島諸島（宮古・八重山諸島）のムジは、本土のズイキやカラトリと同じく、里芋の茎の呼び名が里芋そのものを指すようになったと考えられる。

じゃがいも（馬鈴薯）――地名や人名から生まれた呼び名が多い

「じゃがいも」は、一五九八年にオランダ船によってジャガタラ（インドネシアの首都ジャカルタの古名）から長崎にもたらされたといわれる。しかし、実際に日本で普及したのは明治時代以降で、北海道の川田龍吉男爵がアメリカから優良品種を持ち帰ってからであり、これがこんにち「男爵」と呼ばれている品種である。

「じゃがいも」の方言は非常に多く、まとまった分布を示す呼称はそれほど多くない。共通語の**ジャガイモ**は、北海道を除いて全国的に使われている。この名称はもちろん、輸入先のジャガタラに由来するものであり、輸入当初はジャガタライモと呼んでいたものが縮約されたのであろう。この類の語は、**ジャガタロイモ**、**ジャガタレイモ**、**ジャガタイモ**、**ジャイモ**など、各地に変種が多い。

ジャガイモ類以外で比較的広い地域に分布しているのは、近畿から東北地方にかけて分布する**ニドイモ**、中国地方の**キンカイモ**、北海道全域に分布する**ゴショイモ**、福島を中心に見られる**カンプラ（イモ）**である。

ニドイモはこの芋が年に二度とれる地域で生まれ、一度しかとれない東北地方にも広がったものであろう。キンカイモの分布地域は「禿頭《はげあたま》」をキンカ（アタマ）と呼ぶ地域と一致している。芋の形が禿頭を連想させることによる命名である。なお、キンカアタマの呼称は禿頭を金柑になぞらえたものである。ゴショイモは「五升芋」が語源で、この芋の収穫量の多さを象徴する命名である。**ゴトイモ**（五斗芋）と呼ぶ地域もある。

福島に多いカンプラ（イモ）は、それに隣接する地域に分布する**アップラ（イモ）**の変化である。アップラはオランダ語の「aard appel」（土のりんご）が語源と言われている。アップラがカンプラに変化した背景には、アップイモの近くに分布するカライモの「カ」が影響した可能性がある。

長野県に見られる**カピタイモ**は、船長を意味するオランダ語の「kapitein」（カピタイン）などに由来すると言われる。この種の名称には、ほかに「カピタン織」「カピタン雪駄」などがある。いずれも西洋からの輸入品の名であり、〝船長が運んできたもの〟という意味のあらわれではないだろうか。

外国地名による名称は、ジャガイモ類のほか、**カライモ**（宮城・千葉ほか）、**トーイモ**（長崎）、**ナンキン**（奈良）、**チョーセンイモ**（奈良）、**オランダイモ**（長崎・兵庫など）がある。

一方、国内の地名によると考えられるものは種類が多く、次のようなものがある。**ホッカイドーイモ**（鳥取・福井）、**サッポライモ**（福井）、**センダイイモ**（岐阜）、**エチゴイモ**（滋賀）、**ツルガイモ**（岩手）、**カントイモ**（愛媛）、**コーシューイモ**（東海地方ほか）、**シンシューイモ**（埼玉・岐阜）、**ゼンコジイモ**（滋賀）、**ゴーシューイモ**（徳島）、**イセイモ**（兵庫）、**イセモ**（奈良）、**シコクイモ**（新潟・兵庫）、**ビンゴ**（鳥取）、**タケシマ**（徳島）、**キューシューイモ**（福島）、**ヒューガイモ**（奈良）、**サガライモ**（新潟）、**リューキューイモ**（熊本ほか）。

以上のように、いずれも名称地を離れた地方に分布する。

じゃがいもの呼称には、**コーボーイモ**、**セーダユー**、**ゴンスケイモ**、**ヘーロクイモ**など、人名との関係をうかがわせるものもある。このうち、山梨に勢力をもつ**セーダイモ**、**セーダ**、**セーダユー**については、甲州の代官中井清太夫が明和年間にこの芋の普及につとめたことから付けられた名であるといわれる（橘正一「馬鈴薯の方言」による）。

コーボーイモは各地に伝わる次のような弘法大師伝説と関係があろう。

――弘法大師（空海）が諸国を巡行中、羽黒の里に立ち寄ったときの話です。

弘法大師は朝から何も食べていなかったので、腹がへっていた。ふと、弘法大師は川を見ると、お婆さんがたくさんの芋を洗っていた。弘法大師は、お婆さんに、「その芋を少しでいいから施してくれませんか。」と頼んだ。しかし、そのお婆さんは近所でも有名なりんしょく家なので、「この芋は誰にもやれん。」と簡単に断わった。その芋があまりにもうまそうなので弘法大師は、また頼んだ。しかし、そのお婆さんは、「お坊さん、この芋は石芋といって硬くて食べられん。だから、お坊さんにあげられんのです。」と嘘を言った。弘法大師は、嘘を見抜いたが怒らず静かに加持祈とうをして去って行った。お婆さんは、芋を洗い終えると家にいそいで帰った。さっそく芋を蒸して食べようとしたが、なかなか芋が柔らかくならない。よく見るといつのまにか石のように硬くなってしまっていた。それ以来、その食べられなくなってしまった芋を石芋と呼ぶようになりました。

（山梨県甲府市のホームページ、羽黒地区民の話より）

もみがら（籾殻）とぬか（糠）

――昔はどちらも「ヌカ」と言っていた

「もみがら」とは「もみ（稲の実）」の皮のことであり、もみ（籾）を脱穀した米が玄米、玄米を精米したときに出る粉が「ぬか（糠）」である。ぬかは野菜を漬ける「ぬか漬け」に昔から使われ、日本人の生活には欠かせないものである。「こぬか雨」（春先に降る粒の小さな雨）、「ぬか喜び」（あてがはずれて後でがっかりするような一時的な喜び）、「ぬか星」（夜空に散らばって見える無数の小さな星）、「ぬかに釘」（手ごたえや効き目がないこと）など、「ぬか」にまつわることばも多い。

ところが、東北地方の大部分と新潟・長野・石川・福井・岐阜のそれぞれ一部、さらに九州の北西部（佐賀ほか）では「もみがら」のことを**ヌカ**と呼んでいる（図5参照）。富山・石川の**ニカ**、**ネカ**も、ヌカの変化形である。『日葡辞書《にっぽじしょ》』（一六〇三～〇四年）にも「もみがら」の意味で「ヌカ」が記載されているから、室町時代末から江戸時代にかけては京都でも「もみがら」を「ヌカ」と言っていたことが分かる。

図5　もみがら（籾殻）

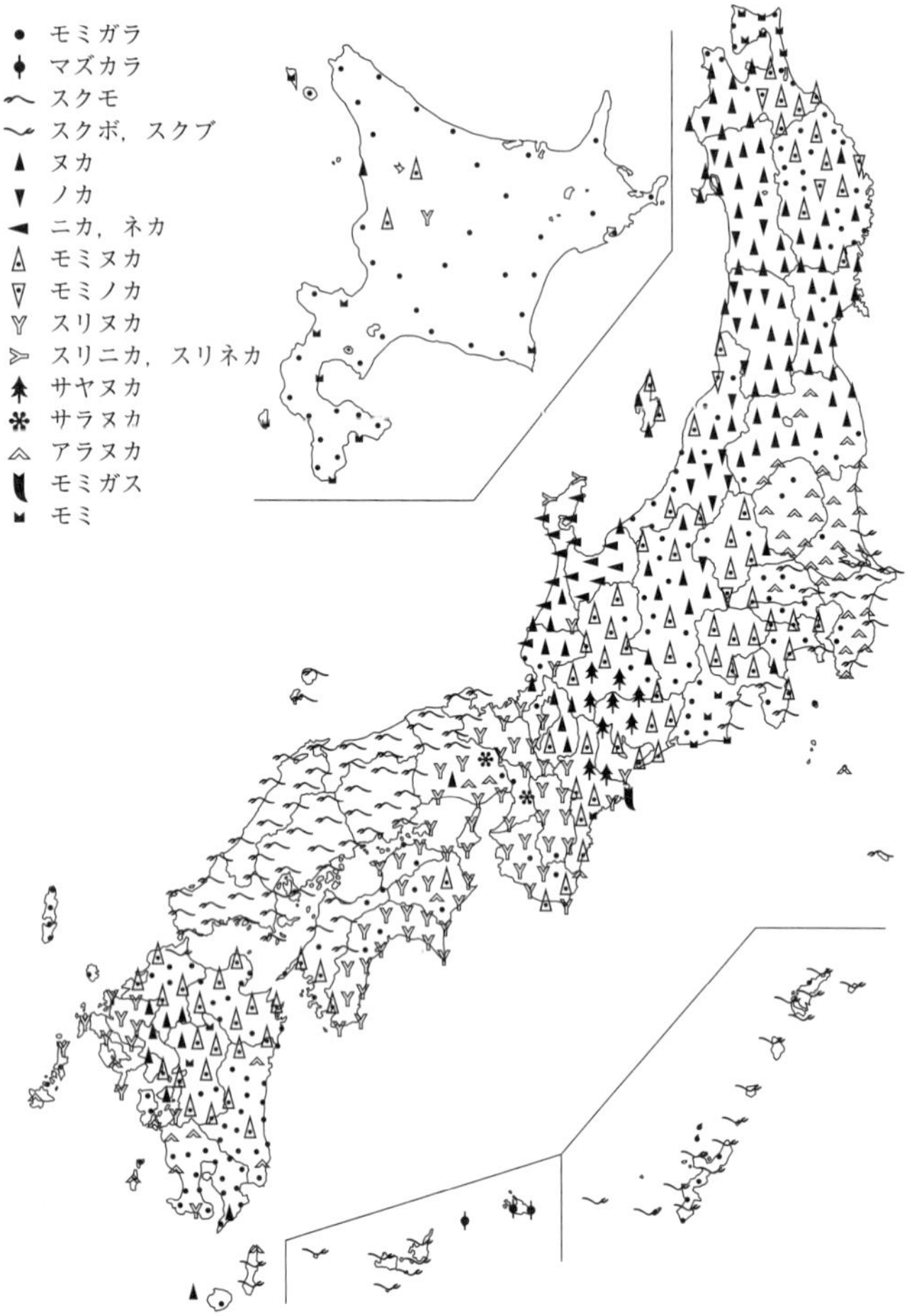

佐藤亮一監修『お国ことばを知る　方言の地図帳』（小学館）より

図6　ぬか（糠）

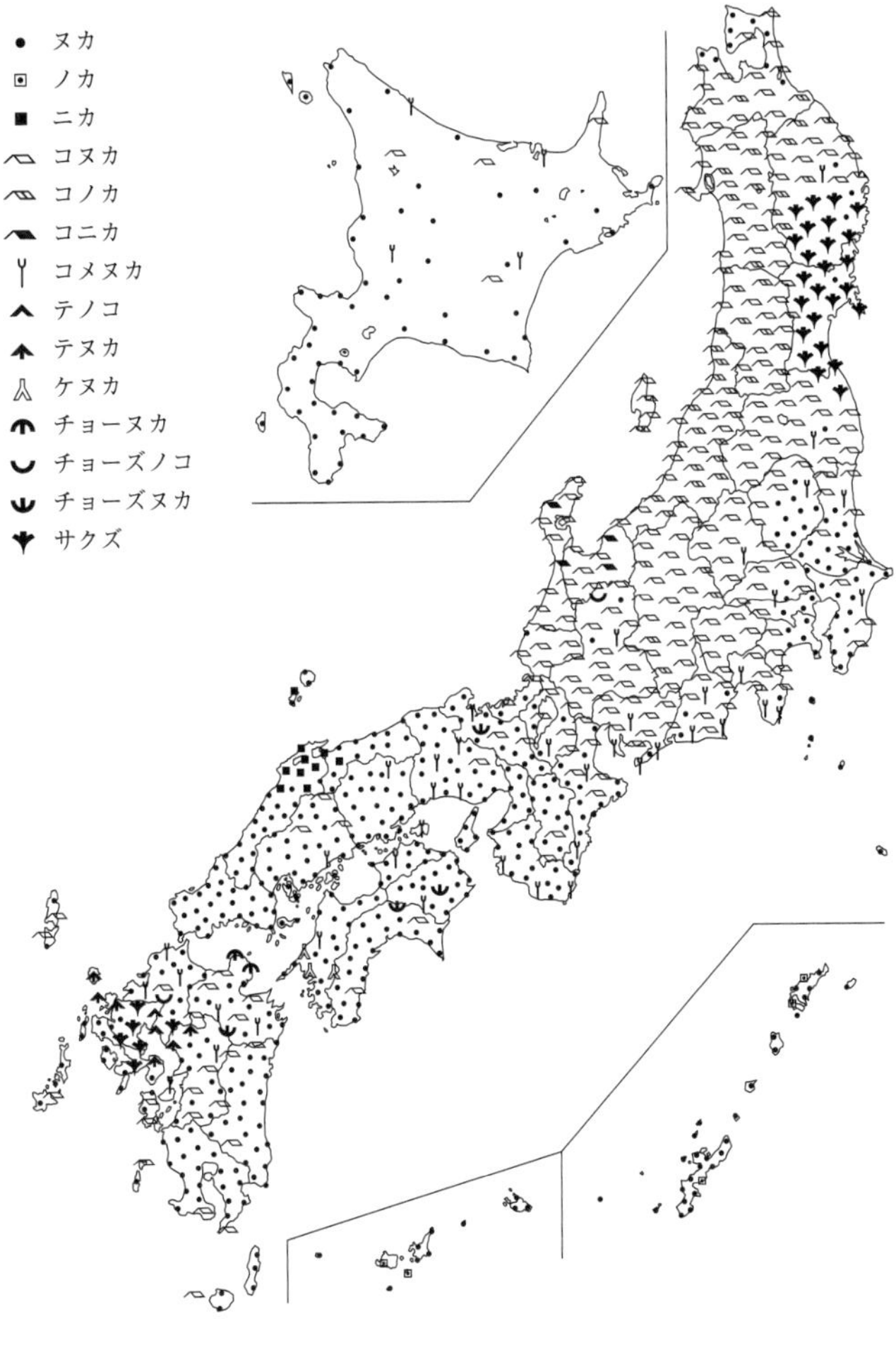

佐藤亮一監修『お国ことばを知る　方言の地図帳』（小学館）より

表2　「もみがら」と「ぬか」の方言分布

	もみがら	ぬか
青森西部・秋田・山形・新潟と北陸の一部	ヌカ	コヌカ
岩手南部・宮城・九州北西部	ヌカ	サクズ
近畿・四国の大部分	スリヌカ	ヌカ
九州北部	モミヌカ	ヌカ
山梨・岐阜北部ほか	モミヌカ	コヌカ
栃木・茨城南部・千葉南部	アラヌカ	ヌカ
中国地方全域・千葉北部	スクモ	ヌカ
奄美・沖縄	スクボ・スクブ	ヌカ
鹿児島・宮崎ほか全国に点在	ヌカ	ヌカ

「糠《ぬか》」の方言の全国分布（図6）を見ると、東西がきれいに分かれており、東日本の大部分は**コヌカ**、西日本の大部分は**ヌカ**である。関東地方にはコヌカの大領域に囲まれる形でヌカの小領域がある（都区内・千葉・茨城南部・栃木など）。これは関西のヌカが江戸に入って周辺に広がったものである。そのほか、宮城から岩手南部にかけてと九州北西部に**サクズ**が分布する。

「もみがら」をヌカと呼んでいる地域では「糠」をなんと言っているのだろうか。「もみがら」（図5）と「ぬか」（図6）の分布図を対照すると、両者の区別状況はおよそ表2のとおりである。

以上の分布状況は、昔は「もみがら」と「ぬか」を区別せず、両者ともヌカと呼んでいたことを示唆するものである。コヌカ、**スリヌカ**、**モミヌカ**、**アラヌカ**のような「～ヌカ」の呼称は、両者を区別するために生まれた語形と考えられる。

　中国地方全域・奄美・沖縄地方、千葉北部などに見られる「もみがら」の意味の**スクモ**類（**スクボ**、**スクブ**を含む）は、その分布状況と、平安時代の『新撰字鏡《しんせんじきょう》』（八九八～九〇一年頃）に「稃　米皮也　糠也　穭同　須久毛《すくも》」とあることから、ヌカよりもさらに古いことばである可能性がある。そうであるとすれば、「もみがら」と「ぬか」を区別せず「ヌカ」と呼んでいた時代以前に、両者を「スクモ」と言っていた時代があることになる。

　なお、「ぬか」の語源は「ぬく」ではないだろうか。「ぬく」は「刀を鞘から抜く」のように、「中身を取り出す」という意味である。

　東北の一部と九州北西部に見られる**サクズ**は、いずれもその分布領域が藩領（伊達藩と鍋島藩）とほぼ一致している。「さくづ（澡豆）」はからだのよごれを洗い落とすのに用いる粉末状にした小豆《あずき》のことであるが、その後、同じ用途に糠を使うようになったため、「糠」を「さくず」と呼ぶようになったものである。

　遠く離れた伊達藩と鍋島藩の領域で、同じサクズと言っていたのは偶然とは考えにくく、今後の研究課題としたい。

すりばち（擂鉢）とすりこぎ（擂粉木）

——スリコギはスリバチの夫

「すりばち」も「すりこぎ」も日本人の生活に欠かせないものであるが、現代の家庭ではどのくらい使われているのだろうか。

「すりばち」は全国の大部分が共通語形の**スリバチ**（一部に**スリコバチ**）であり、方言形は少ない。岩手・宮城・山形の置賜《おきたま》地方には**カーラケ**（**バチ**）が分布している。カーラケは「かわらけ」であり、本来はうわぐすりを塗らない素焼きの土器のことである。

秋田には**イシバチ**と**イセバチ**が分布している（イシバチは能登半島にも見られる）。イシバチは新潟北部に見られる**カナバチ**とともに「すりばち」の硬い材質を比喩的にあらわした表現かもしれない。しかし、江戸時代の文献に「伊勢擂鉢」の表記が見られるから、伊勢地方（三重県）との関係が考えられる。江戸時代の方言辞典である『物類称呼《ぶつるいしょうこ》』（一七七五年）には「上総及出羽にて、いせばち」とあり、イセバチが千葉県でも使われていたことが分かる。千葉県には銚子地方を中心として関西方言がかなり流入しており、これは江戸時代以降、漁師や醤油業者が三重・和歌山地方から房総半島に多く移住したことによる（以前NHKの連続テレビドラマになった「澪つくし」は、和歌山から移住した醤油業者と銚子の漁師との争いをテーマにしたものである）。イシバチという語形が「民衆語源」（②）によってイセバチに変化した可能性もある。

群馬県南部では**シラジ**が使われている。この語は『物類称呼』に「東国の女詞《おんなことば》」とあり、『女中詞』（一六九二年）にも記されている。東国とは関東を中心とする地域を指す。シラジは「白磁」で、「純白の磁器」という意味であろう。

中国地方西部と愛媛には**カガツ**、**カガス**が分布している。この呼称は中国・四国・九州東部で使われている瀬戸物を意味するカラツ（モノ）の変化である。「カラツ（モノ）」とは佐賀の唐津で生産された陶器を指す呼称である。

沖縄には先島諸島を中心に**ダイバ**（**ー**）、**ダイパ**（**ー**）、**デーファー**、**ナイバ**が分布しているが、これらの語源は不明である。

関東地方ではスリバチとともに**アタリバチ**も使われている。これは「（財産などを）する」など、「なくす」という意味の「する」を嫌った「忌みことば（タブー語）」（解説④）である。

「すりこぎ」では、西日本が**レンギ**、**デンギ**、**レンゲ**であり、その両側に**スリコギ**（**ボー**）

が分布している。この「周圏分布」(①)から、スリコギ類はレンギ類よりも古い呼称と推定される。レンギは「連木」「擂木」「雷槌」などと表記され、近世の文献に見られる。「擂」は「すりつぶす」という意味の漢字である。

「すりこぎ」には「擂粉木」「摺粉木」などの字が当てられているが、「粉木」は当て字で、「こぎ」は「こぐ(漕ぐ)」という動詞と関係があると考えられる。「こぐ」は「舟をこぐ」「自転車をこぐ」のように、「上下左右にまわす」動作をあらわす。青森西部・秋田の**マワシギ**、**マシギ**、**マシゲ**や、島根県出雲地方の**メグリ**(**ボー**)も、すりこぎをまわす動作による命名である。

沖縄の先島諸島に見られる**ダイバヌブトゥ**、**ナイバヌブトゥ**の「ダイバ」「ナイバ」は「すりばち」のことで、ヌは「の」の変化であり、「ブトゥ」は「夫」を意味する。すなわち、「すりこぎ」は「すりばち」の夫なのである。

---

④**忌みことば(タブー語)** 縁起の悪いことばや汚いことばを避けて、かわりに使う表現。遠ざけたい現象をわざと汚いことばで表現することもタブー語に含めることがある。九州北部の「ものもらい(麦粒腫)」を意味する「インノクソ(犬の糞)」は後者の例である(六八ページ参照)。

「甘い」と「塩味が薄い」

——砂糖の味をあらわすアマイは新しい表現

「砂糖の味」をあらわす表現は全国の大部分が**アマイ**類で、その両側の青森・秋田などと、鹿児島南部・沖縄の先島諸島は**ウマイ**類である。すなわち、ウマイは「周圏分布」（①）を見せており、ウマイはアマイよりも古い表現と推定される。

砂糖が調味料として出まわるようになったのは近世以降であるが、一般家庭で広く使われるようになったのは日清戦争による台湾占領後のことである。砂糖を初めて口にした庶民は「うまい（美味）」と感じたのであろう。

一方、「あまい」には「きびしさが足りない」「ゆるい感じである」という意味がある（「ブレーキがあまい」「あの先生の採点はあまい」など）。砂糖が普及すると、初めのインパクトが薄れて「抜群の美味」とは感じなくなり、「ほどほどのうまさ」を表現することばとして「あまい」が使われるようになったと考えられる。

なお、「アマイ」の変種には**アマゴイ**（東北南部）、**アマチコイ**（岩手北部）、**アマカ**（九州）、**アマサン**（沖縄）、**アマキャ**（八丈島）などがあり、「ウマイ」の変種には**ウマカ**（鹿児島）、**アジマサン**（先島諸島）、**マサン**（奄美大島）などがある。アジマサンは「味うまい」という意味である。

ところで、味噌汁などの塩味が足りないことをあらわす標準語は何であろうか。「あまい」だろうか、それとも「うすい」だろうか。

全国の分布を見ると近畿地方の**ミズクサイ**をはさんで、その両側の地域は**アマイ**（**アメー**、**アマカ**、**アマサン**、**アマキャ**などを含む）である。この分布からミズクサイは近畿で新しく生まれた表現であることが分かる。

ウスイの主要地域は高知県であり、東京を含む関東南部ではアマイとウスイが混在している（つまり人によって表現が違う）。塩味が足りないことを「あまい」と表現するのは、「きびしさが足りない」「ゆるい」という「あまい」の意味を反映しているわけである。おもしろいことに、岩手・宮城・山形などでは砂糖の味は**アマゴイ**、塩味が足りないことは**アマイ**（**アメー**など）と区別して表現している。

富山・石川は**ショームナイ**である。これは「シオミナイ（塩味ない）」の変化であろう。

Ⅳ 人間・生活

ほお（頰）――昔は「ツラ」と言っていた

「頰」は、「ほほ」と「ほお」のどちらが標準語形であろうか。筆者はある時期まで「ほほ」を標準語形と思いこんでいた。しかし、手もとの数種類の国語辞典を見るかぎり、「ほほ」は空《から》見出し（見出し語として掲載されてはいるが語釈は別の見出しのもとに記しているもの）で「ほお」を正《せい》見出しにしている。『新明解国語辞典』（三省堂、第七版）のように〈「ほほ」は「ほお」の新しい言い方〉と記しているものもある。

しかし、平安時代の辞書『和名抄《わみょうしょう》』（九三四年頃）では「保々（ホホ）」である。『日本国語大辞典』（小学館）には「古くはホホ、平安後期以降ホヲからホオ、更にホーとなり現代に至る。現在はホホとも」とある。ただし、「頰笑む・微笑む」「頰笑ましい・微笑ましい」はほとんどの辞書が「ほほえむ」「ほほえましい」を正見出しとしており、「ほおえむ」を見出しに立てていない辞書もある（空見出しを含む）。

奈良時代には「頰」を「つら」と言っていた。先にあげた『和名抄』の記述は、詳しくは

「頬　都良（ツラ）　一云保々」である。この記述は当時「頬」を指すことばが「つら」から「ほほ」に変化しつつあったことを示している。この「頬」を意味する古語の「つら」は**ツラ**、**チラ**の形で沖縄に残っている。沖縄には**フージラ**という語形も見られるが、これはホホとツラの複合形である（沖縄はオ段の音がウ段になるのでhoho→huhu→huuと変化した）。

「つら」が「顔」の意味として文献に現れるのは平安後期の『大鏡』が最初であるが、小林隆は、平安時代には貴族は「顔」のことを「かお（かほ）」と言い、庶民は「つら」を使っていたと推定している。

『日本言語地図』を見ると、「頬」を**ホホ**や**ホー**と呼ぶまとまった地域は見られない。東日本で最も多いのは**ホッペタ**で、近畿から北陸にかけては**ホーベタ**である。ホーベタの領域の中に**ホーベラ**が散在する。ホッペタ・ホーベタのペタ・ベタは、「端」「辺」を意味する「へた」（「うみべた」など）と同じ語源であろう。「柿のへた」もそうである。ホッペタもホーベタも、江戸時代の文献から現れる比較的新しい語である。

東北南部には**ホータブ**、**ホッタブ**が広く分布する。この語形は種子島にも見られ、かなり古いものと推定される。静岡西部（遠州）や九州東部には**ホータン**、**ホータネ**が見られる。岐阜南部・四国の一部には**ホータ**（**ン**）**ボ**が分布する。「〜タン」は「〜タブ」「〜タボ」の変化と考えられる。「タネ(tane)」は「タン(tan)」に母音を付加したもので、「類音牽引《るいおんけんいん》」

（解説⑤）の一種かもしれない。「類音牽引」とは音の似ている語形に引かれて語形が変化する現象で、草花の「たんぽぽ」が山鳩の鳴き声に引かれてデデッポに変化した例などがある。

⑤**類音牽引**　意味の異なる類似の語形に引かれて語形が変化する現象のこと。西日本各地では、「かぼちゃ」をボーブラと呼ぶ（ポルトガル語のaboboraに由来）。古くはボーフリ（ムシ）と呼ばれていた蚊の幼虫が、「かぼちゃ」のボーブラに引かれてボーフラになったという説がある。蟬の一種である「つくつくぼうし」の古形は「くつくつはうし」であった。「つくし（土筆）」の意の「つくつくぼうし」に引かれて、現在の語形になったと言われている。

九州西部には**ビンタ**が分布する。ビンタは「鬢《びん》のあたり」という意味であるが、共通語では「びんたをくわす」のように他人の頰を平手打ちにすることを言う。これは九州から入ったことばだろうか。なお、九州南部では、ビンタとは「頰」ではなく「頭」を意味する。

秋田南部に見られる**ソッポ**は、共通語の「そっぽを向く」の「そっぽ」と関係があろう。「そっぽ」は「そっぽう（外方）」の短縮形と言われており、「頰」を意味する語として江戸時代の浄瑠璃にも見られることばである。

ものもらい（麦粒腫）――物をもらうと治る目の病気

ものもらい（麦粒腫《ばくりゅうしゅ》）は、まぶたのへりにできる小さなできもので、むずむずしてかゆいが一週間くらいで治る。昔はしばしば経験したが、今は衛生状態が良くなり、あまりかからなくなった。

この眼病に関しては、「三軒の家から米をもらって食べるとなおる」（福島県白河郡）、「ざるを持って隣近所五軒から穀物をもらって歩くとなおる」（神奈川県箱根町）のような俗信が、各地に見られる。**モノモライ**という名称はこの俗信に由来するものであり、全国に広く分布する**メボイト**や**ホイト**、長野・岐阜・静岡などに見られる**メコジキ**、熊本県天草の（**メ**）**カンジン**なども、物をもらって歩く乞食行為と関係がある。

ホイトは、「陪堂《ほいとう》」に由来する。「陪堂」とは「禅宗で僧堂の外で食事のもてなし（陪食《ばいしょく》）を受けること」であるが、それが乞食を意味する方言として全国的に使われている。

「かんじん（勧進）」は「社寺や仏像の建立・修理のために寄付を集めること」であるが、

これも九州ほかの地域では乞食の意味になっている。「乞食（こつじき）」も、本来は托鉢《たくはつ》を意味する仏教用語である。

大阪を中心に見られる**メバチコ**や新潟の**メッパツ**の語源は不明であるが、「目をパチパチさせる」という意味かもしれない。しかし、托鉢の「鉢」との関係も考えられる。そうであるとすれば、これも乞食行為と結びつくものである。メバチコの両側の地域（京都・滋賀と四国）には**メボ**や**メイボ**が分布する。メボはメボイトの下略形、メイボは「ものもらい」を「いぼ」の一種と意識した「民衆語源」（②）によってメボが変化した語形と考えられる。

青森には**ヨノメ**、**ヨメ**が、青森と岩手に**ノメ**、**ノンメ**が分布する。ヨノメは足の裏などにできる「魚の目」と関係があるかもしれない。ノメはヨノメの省略形であろう。

栃木・群馬に分布する**メカ**（**イ**）**ゴ**は「目の粗いかご」を意味する「目かご」のことで、「ざるをかぶるとものもらいができる」「ざるを井戸に半分見せると治る」などの俗信と関係がある。

ものもらいの治療法に関する俗信は多様である。愛媛県内子町では、小豆を目につけて「メイボメイボ、コノアズキニウツレ」と唱えながら井戸に落とすと治るという。小豆を使うまじないは、全国各地に見られる（鳥谷善史による）。

九州北部では**インノクソ**と**オヒメサン**が同じ地域で使われている。インノクソは「犬の糞」という意味であるが、これらは宮城県に見られるバカと同じく「忌みことば（タブー語）」④である。鹿児島の**インモライ**、**イモライ**、沖縄の**ミーインデー**、**インヌヤー**の「イン」も「犬」ではないかと思われる。

あざ（痣）とほくろ（黒子）

――ホクロは「ハハクソ（母糞）」の変化

「生まれつき皮膚の一部の色が変わって赤くなったり青黒くなったりしている部分」を共通語では「アザ（痣）」と称し、一方、「生まれつき身体についている少しふくらんだ黒い点」は「ホクロ（黒子）」と呼ばれる。

しかし、九州・中国地方の一部には、逆に「痣」を**ホクロ**（**ホグロ**）、「黒子」を**アザ**と呼ぶ地域が存在する（図7・8参照）。九州地方の人が「うちの娘にはホクロがある」と言ったら、それは「痣」の可能性があり、「娘にアザがある」と言えば、「黒子」のことかもしれないということになる。

『日本言語地図』によれば、「痣」と「黒子」の方言分布はおよそ表3のとおりである。意味の逆転現象が起きた理由を、徳川宗賢は次のように推定している。

「痣」と「黒子」を区別せずに、どちらもアザと呼ぶタイプが最も古い段階のものと考えられる。文献によれば、八世紀から一〇世紀にかけての中央日本には、「あざ」「ははくそ」

表3 「痣」と「黒子」の方言分布

	痣	黒子
本州中央部	アザ	ホクロ
九州東部・中国地方西部	ホクロ（ホグロ）	アザ
東北北部／中国・四国・九州・奄美・沖縄のそれぞれ一部	アザ	アザ
宮城県など	アザ	クロッポシ
福島県など	アザ	ホソビ
中部地方	アザ	フスベ
九州各地	ホヤケ	アザ

「ふすべ」の語形が、「痣」「黒子」「いぼ」を表すものとして複雑に錯綜していた。しかし、次第に「ははくそ」が「黒子」の意味として定着し、同時に「あざ」は「痣」の意味に限定して用いられるようになった。そして、「ははくそ」はハハクロ→ハウクロ→ホークロ→ホクロと形を変えていった。ちなみに「ははくそ」の語源は、「母糞」、すなわち母親の胎内の糞が胎児に付着したという意味である。このようにして、中央日本には、〈アザ（痣）―ホクロ（黒子）〉の体系が定着した。

一方、九州では、「痣」を**ホヤケ**と呼ぶ新表現が誕生し、〈ホヤケ（痣）―アザ（黒子）〉という体系が成立した。そこに中央から〈アザ（痣）―ホクロ（黒子）〉の体系が進出してきた。九州付近の人々は新しいホクロという言葉を、この地域で使われていた音形が似ているホヤケの都会風表現として受け入れ、こう

図7　あざ（痣）

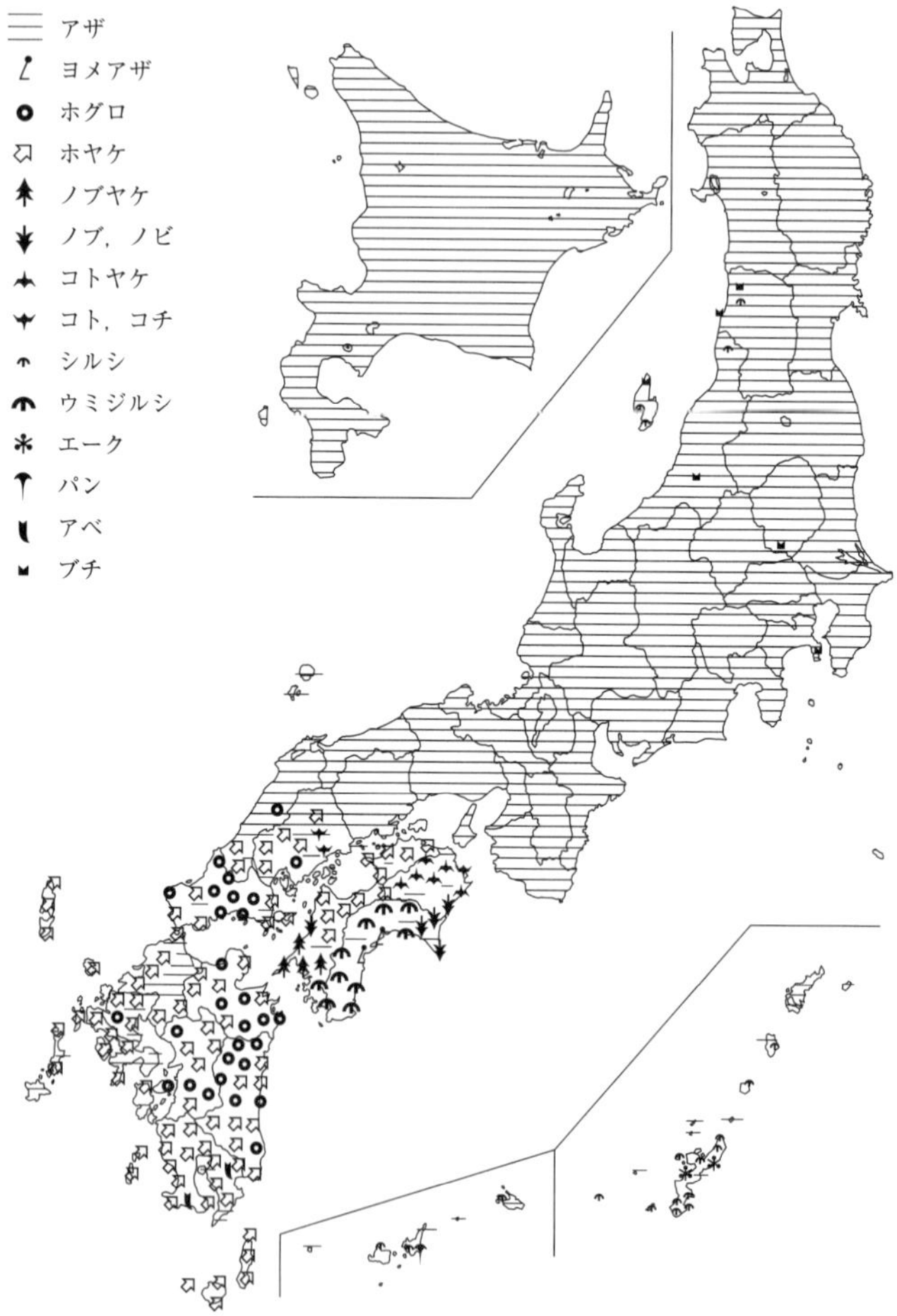

佐藤亮一監修『お国ことばを知る　方言の地図帳』（小学館）より

図8　ほくろ（黒子）

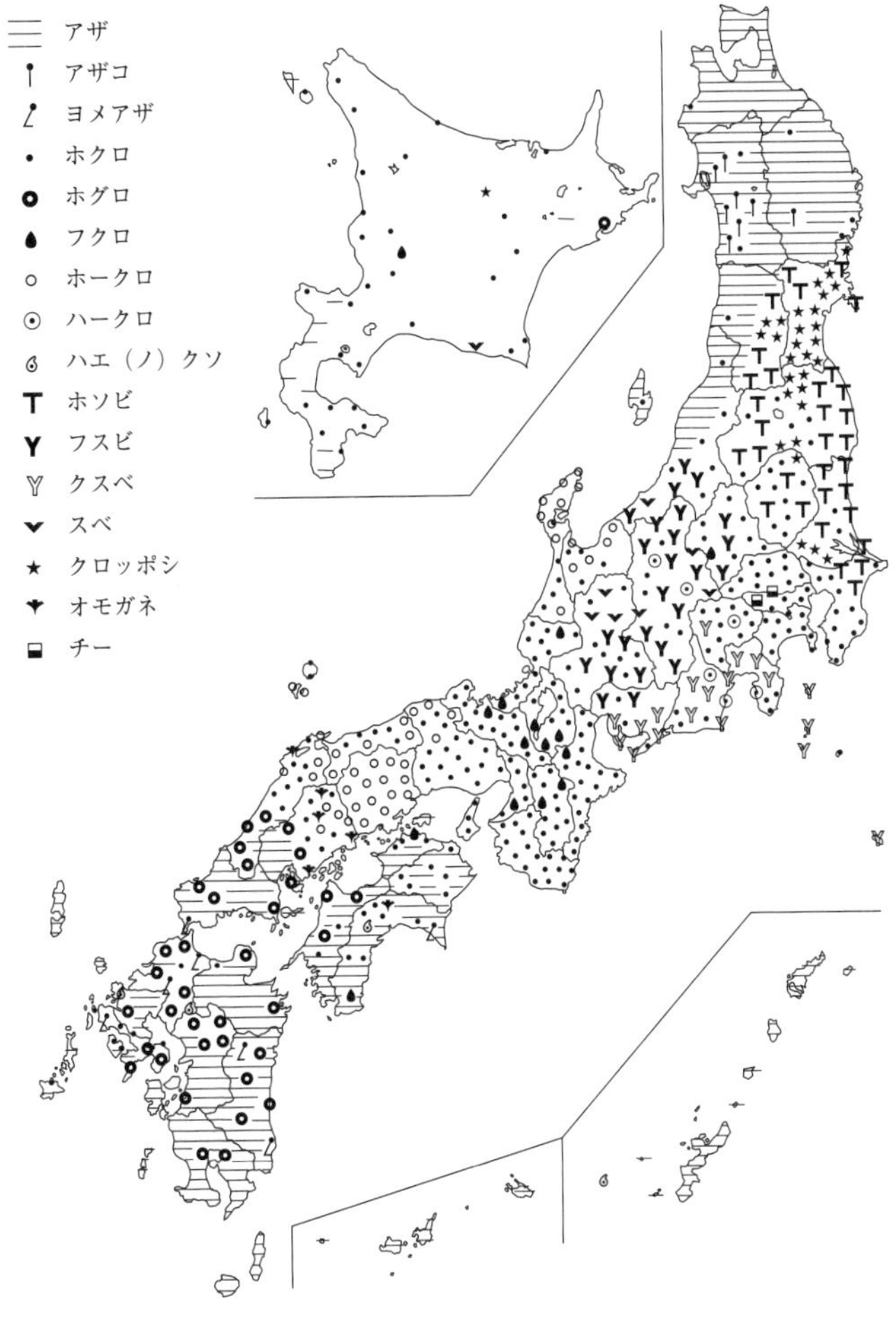

佐藤亮一監修『お国ことばを知る　方言の地図帳』（小学館）より

して〈ホクロ（痣）―アザ（黒子）〉の逆タイプが成立した。

なお、ホヤケの語源は「火焼け」であろう。妊娠中の女性が火事を見ると胎児に痣ができるという俗信がある。四国地方では「痣」を**ノブヤケ**、**ノブ**、**ノビ**、**コトヤケ**などと呼んでいるが、ノブヤケは「野火焼け」、コトヤケの「コト」も火事の意味ではないかと思われる。「火事」は古語（和文）では「ひのこと」と表現している。

つば（唾）とよだれ（涎）

――ツバは「ツバキ」（つ＋吐き）の変化

「つば」と「よだれ」は同じもので、「垂れているかどうか」の違いである。青森では「つば」を**ヨダレ**、「よだれ」を**ベロ**または**ビロ**と言っている。しかし、青森には両者ともベロまたはビロと呼んで区別しない人もいる。

〈**つば（唾）**〉の全国分布は、東北・北関東の**ヨダレ**、**ベロ**、**タンペ**、**シタキ**など「ツ」を含まない地域と、それ以外の「ツ」を含む地域に二分される。後者には、**ツバキ**、**ツバ**、**ツワ**、**ツ**、**ツズ**などがある。

島根西部・山口・九州東部・奄美・沖縄の先島には**ツズ**の大勢力がある。これは福島・和歌山・広島などに点在する「ツ」が元の形で、一音節の不安定さを避けるために「ツ」を二つ重ねてツヅ（ツズ）という語形ができたと考えられる。文献の上でも、「つ」は唾液を意味する最も古い語である。

ツバキは、「つ」＋「吐き」の「つはき」が変化した形である。この語形は関東甲信越・

北陸・近畿中央部・鳥取西部・島根東部・四国の一部などに広く分布する。ツバキの「キ」が脱落した共通語形のツバは、愛知・三重・岡山・広島・四国・九州西部などに勢力をもつが、関東では東京を含めてまとまった分布はない。ツバが変化した**ツワ**は、兵庫・京都・鳥取東部（因幡）・福井西部（若狭）ほか、近畿西部から四国にかけて見られる。

「ツ」を含まない語形のうち、岩手北部付近のベロは「舌」を意味するベロがそのまま意味をずらしたものである。本来の「舌」の意味のベロは岩手南部以南に分布しており、「つば」のベロの地域とは重なっていない。

岩手の大部分は**タンペ**、**タッペ**であるが、これは「痰」の意味変化であろう。「痰」を意味するタンペ、タッペは東北地方に広く分布している。

山形・福島に勢力をもつ**シタキ**は「シタ（舌）＋キ」で、「キ」は「ツバキ」の「キ」が「体液」を意味する接尾辞と意識されて使われたものかもしれない。

〈**よだれ**（涎）〉は、奈良時代には「よだり」という語形であり、「涎」だけではなく涙や鼻水など、垂れてくる体液をさしていた。「よだり」は「よ」＋「垂り」と考えられる。

「涎」の全国分布は、東北北部の**ベロ**、**ビロ**と島根東部の**ツ**、**ツズ**、**ゴボズ**を除き、全国の大部分が**ヨダレ**とその変化形である。

ヨダレの変化形で多いのは**ユダレ**で、福島から関東にかけての地域と九州南部の二地域に分かれて分布する。奄美・沖縄では、**ユダリ**または**ユダイ**である。中国東部から四国にかけては**ヨーダレ**が多い。静岡西部（遠州）・愛知・長野南部・岐阜南部（美濃）に見られる**ヨド**の「ヨ」も、「ヨダレ」の「ヨ」と同根であろう。岐阜北部（飛騨）の**エド**はヨドの変化形である。

島根東部のツ、ツズ、ゴボズは「唾」を意味するツ類が意味をずらしたものである。

ゆび（指）――昔は「およぴ」と言っていた

文献によれば、奈良時代には親指の呼称は「おほおよび」、人差指は「ひとさしのおよび」、中指は「なかのおよび」、小指は「こおよび」であった。つまり、「指」は「および」と呼ばれていたわけである。

〈**親指**〉の言語地図では、全国の大部分が**オヤユビ**であるが、東北北部に**オーユビ**（大指＝おほゆび）が見られ、九州の佐賀・長崎には**ウーユビ**、沖縄には**ウフユビ**が分布する。ウーユビとウフユビはオーユビ（おほゆび）の変化形であるから、オーユビはオヤユビに対して「周圏分布」（①）を見せていることになり、オーユビの方が古いと推定される。この推定は、文献における出現順序と一致する。「おやゆび」の呼称は近世以降の文献に登場する（以下、文献に見られる指の呼称の変遷は、前田富祺《とみよし》の論文による）。

青森には**オトコユビ**、**オドユビ**が見られる。オドユビは「お父さん指」という意味である。岩手には**オドユビ**と**オデユビ**が混在しているが、この地域では「中指」を**ナカデユビ**

〈中手指〉と言っているから、この語形に引かれてオドユビ↓オデユビの変化が起きたものと考えられる。

〈**人差指**〉は全国の大部分が**ヒトサシユビ**である。奄美・沖縄は**チューサシユビ**であるが、チューは「人」のことである（沖縄では、地元沖縄の人をウチナンチュー、日本本土の人をヤマトゥンチュー、漁師をウミンチュー〔海の人〕などと言う）。沖縄の先島諸島は**ピトゥサシユビ**であるが、ピトゥはヒトに対応する語形である（ピは古音の残存）。文献の上でも「ひとさしのおよび」↓「ひとさしゆび」であって、基本的な変化はない。

青森の津軽地方などでは、**サシユビ**または**モノサシユビ**である。岩手県沿岸には**イトサキユビ**があるが、これは「糸裂き指」であろうか。山口県の一部に見られる**サンニョーユビ**は「算用指」で、算盤を使うときの指、またはこの指で指しながら物を数えるときに使われることからの命名であろう。

日本では人を指差す行為は非難・干渉などを意味し、してはいけない行為とされる。「指一本差させない」といえば、どんな人からも干渉させないことであり、「後ろ指を差される」は陰で非難されることを意味する。ヒトサシユビという表現が歴史的にも地理的にも優勢であるのは、このような文化的背景が影響しているものと考えられる。

〈**中指**〉では、**タカタカユビ**が近畿・中国を中心とする本州中央部に分布し、その両側に

ナカユビが分布する。すなわちナカユビは「周圏分布」をしており、ナカユビはタカタカユビよりも古いと推定される。文献上でも「なかのおよび」（上代）→「たけたかゆび」（中世半ば）→「たかたかゆび」（中世末）である。「たけたかゆび」は「背丈が高い指」という意味であろう。中国地方の一部に見られる**タキタカユビ**はタケタカユビの変化と考えられる。ナカユビとタカタカユビが接触する地域には**ナカタカユビ**が散在している。ナカタカユビはナカユビとタカタカユビの「混交」（解説⑥）によって各地で生まれた語形である。

九州に見られる**タカタロー**や**ナカタロー**のタローは「太郎」であり、指を擬人化した表現である。福岡に見られる**タカソー**は近くに分布する**タカシロ**の変化で「高四郎」に由来するとの説がある。

⑥**混交**　コンタミネーション（contamination）。意味が同じ、または類似する二つの語の、一方の前部と他方の後部が組み合わされて、新しい語形ができること。「やぶる」と「さく」が結合した「やぶく」や、千葉北部に分布する「かたうま」と関東北部の「てんぐるま」が接触したときに生まれた「かたぐるま（肩車）」などがある。

〈**薬指**〉は東日本の大部分が**クスリユビ**であり、西日本はクスリユビと**ベニ**類（**ベニサシユビ**、**ベニツケユビ**、**ベンサシ**など）が混在している。クスリユビの分布領域がベニ類よりも広いことから、クスリユビはベニ類よりも古い呼称であると推定される。ベニサシユビやベニツケユビは、女性がこの指で唇に紅をさしたことから名付けられたものである。

クスリユビよりもさらに古いと考えられる語は、奄美・沖縄諸島に**ナナシユビ**、**ナーネンユビ**、**ニャーニャーザ**、**ナーシラジャ**などの形で見られるナナシユビ類である。ナナシユビは岩手・岐阜・伊豆の三宅島、岐阜・三重・山口にも点々と分布している。

青森県は大部分が「無回答」である。この指の名を聞いても「知らない」「名前がない」と回答したのである。これこそナナシユビの由来である。中国ではこの指を「無名指」と呼んでいる。これも同じ発想である。五本の指の中で、「薬指」が最も役に立たない（使用頻度が低い）ことからの命名であろうか。

文献上も上代（六世紀末から奈良時代）の「ななしのおよび」が最も古く、一三世紀になると『教訓抄』（一二三三年）に「くすしのゆび」が現れる。「くすりゆび」は一六世紀末の文献に現れる。そして『日葡辞書《にっぽじしょ》』（一六〇三〜〇四年）に「べにさしゆび」が、『和爾雅《わじが》』（一六九四年）に「べにつけゆび」が出現する。中世には「くすしゆび」と「くすりゆび」が共存し、前者は上層階級語・文章語であり、後者は庶民の口頭語（話しことば）であったと考えられている。

「くすしゆび」は「薬師指」であり、その由来については、薬師《やくし》如来などの印相（手指の形）に薬指を使うからという説と、薬師《くすし》が薬を溶かして塗るときにこの指を使ったからという説がある。「くすりゆび」の由来は、後者であろう。

クスシユビは現在の方言には見当たらない。しかし、薬師とは現代の医者のことであるから、青森・岩手・宮城・栃木に点在する**イシャユビ**、**イシャボーズユビ**、**イシャボーズ**はクスシユビを現代風に言い替えたものかもしれない。また、福島・伊豆諸島・愛媛に点在する**クスユビ**も、その分布状況から「くすしゆび」の子孫である可能性がある。

山口県に見られる**カンシ**（**ユビ**）は「薬指」を意味する和製漢語の「環指」ではないかと思われる。『日本国語大辞典』によれば「環指」はオランダ語の「ringvinger」の訳語で、『解体新書』（一七七四年）に次のような用例がある――「指者、其数五矣（略）其四、穿㆓指環㆒者、謂㆓之環指㆒」（指はその数五本なり。其の四に指環をさす。これを環指という）。このようなむずかしい漢語が方言として使われていることは興味深い。「環指」は「指輪をはめる指」という意味であろう。

〈**小指**〉は全国的に**コユビ**が大部分である。東北北部に散在する**コッコユビ**は、東北で「小」「子」を「コッコ」と言うことと関係があろう。奄美諸島の**クヮーユビ**の「クヮ」、沖縄本島の**ユビングヮー**の「グヮー」も、「コ（小）」を意味する接頭辞または接尾辞である。

文献上も「こおよび」→「こゆび」で基本的な変化はない。しかし、方言の世界では、各地で独自に生まれたと考えられるさまざまな語形が小領域をもっている。
岩手北部の**コデユビ**は「小手指」であろう。先に述べたように、この地域では「中指」をナカデユビ（中手指）と言っている。コデユビの周辺（青森など）には**コドユビ**が見られるが、これは「親指」を意味する青森のオドユビに影響され、コデユビから変化したものと考えられる。
能登半島の**シリユビ**や島根一円に分布する**シリコユビ**の「シリ」は「尻」であり、端（末尾）に位置する指という意味であろう。**コヤユビ**は富山のほか、西日本各地に点々と分布するが、これは「親指」を意味するオヤユビに引かれて各地で独自に生まれたものと考えられる。「類音牽引」⑤の一種である。
岩手南部と埼玉・東京（多摩）・千葉・神奈川のそれぞれ一部には**ヒコユビ**が見られるが、東日本では「曽孫」を「ヒコ」と言っているから、「ひまご指」という命名であろう。
福井の越前から石川の加賀にかけて見られる**コイチビ**の「チビ」は、からだが小さいことを表す「ちび」と関係があるかもしれない。
福島・宮城には**カンタロ**（**ユビ**）が見られる。この語源は不明であるが、あるいは、「薬指」を意味するカンシ（ユビ）と関係があるかもしれない。

かかと（踵）――西はカガト、東はカカト

「かかと」は、東北地方の大部分と新潟では**アクト**、**アグド**である。山形県鶴岡市出身の力士・柏戸が親方時代に土俵際で審判をしていたとき、「アグドが出ている」と言った声がテレビで全国に流れたという話は、鶴岡市民の間で有名である。

中部地方にも**アクト**、**アクツ**、**アックイ**、**アッコ**など、アクト類の語形が見られ、九州・奄美・沖縄には**アド**が広く分布する。アドも東北のアクトと同系と考えられる。すなわちアクト・アド類は「周圏分布」（①）を形成しており、「かかと」を意味するかなり古い呼称であると推定される。

共通語形の**カカト**は、関東・福島南部・静岡の伊豆地方という比較的狭い範囲に分布する。この分布状況は、カカトが江戸を中心に新しく広がった語形であることを示唆する。すなわち、かつては、東日本全域がアクト・アド類であった可能性がある（「かかと」は江戸時代以降の文献に東国系の語として登場する）。

中国から北陸にかけては**キビス**、**クビス**、**キビサ**など、四国には**キリブサ**が勢力をもっている。これらは、古語の「くびひす」「くびす」の残存・変化と考えられる。

近畿・中国・四国にはキビス類にまじって**カガト**が多く見られる。このカガトが上方《かみがた》（京都・大阪）で勢力をもっていた頃に江戸に輸入され、カカトという清音の語形に変化したと思われるが、変化の理由は分からない。

西日本が濁音で東日本が清音の例には、「案山子」のカガシ（西）・カカシ（東）、「洗濯」のセンダク（西）・センタク（東）などもあり、それらとの関係も考慮すべきであろう。「かかし（案山子）」の語源については、獣の肉を焼いて串に刺し、その臭いを嗅がせて鳥や獣を追い払うという「嗅がせ」「嗅がし」説が江戸時代の多くの文献に記されている。

鹿児島など九州南部には**アドジリ**、**アドゲン**、**ドゲン**などが見られる。「ジリ」は「尻」であろう。ドゲンはアドゲンの「ア」が脱落したものであろうが、「ゲン」の語源は不明である。

九州の五島列島・甑島《こしきじま》・種子島《たねがしま》・屋久島などには**カド**、**アシノカド**が見られる。カドは「角」であろうか。しかし、カガトとアドとの「混交」⑥の可能性もある。

紀伊半島南部に見られる**トモ**、**アシノトモ**は船尾を意味する「とも」が語源であろう。三重から奈良にかけて分布する**オゴシ**、**オゴシリ**、**オモシリ**の語源は不明である。

おんな（女性）

――「をみな」は「美しい女性」という意味だった

現代では、「おんな」「おとこ」ということばは良い意味では使われない。ニュースなどでは一般的には「女性」「男性」が使われるが、容疑者として逮捕されると「おんな」「おとこ」と呼ばれる。「おんな（おとこ）ができた」という表現も同様である。

ことばは、使用していくうちに次第にマイナスの意味に低下していくことが多い。女性を意味する表現にも同様の変化が認められる。

『日本言語地図』を見ると、関東・中部の**オンナ**をはさんで、その両側に**オナゴ**の大領域がある。奄美・沖縄の**ウナグ**、**ウィナグ**、**イナグは**、オナゴの変化形である。ほかに分布が目立つものには、北陸の**メロー**類、宮古・八重山諸島の**ミドゥム**類、岐阜北部から能登にかけての地域と山陰地方に分かれて広がる**ニョーボー**類などがあり、そのほか、佐渡・和歌山・香川・高知に散在する**ネショー**類、関東の**アマ**類、愛知と八丈島ほかに見られる**オンナゴ**も注目すべき語形である。

オンナとオナゴの新古関係については、オナゴがオンナの両側にあって「周圏分布」①を見せているから、オナゴの方が一見古そうである。しかし、文献の上では、「をんな」やその原形としての「をみな」の方が「をなご」よりも古い。

文献によれば、奈良時代には、女性一般をあらわす語としては「め」が普通であり、この「め」は「雌」や「妻」の意でも用いられた。また、「め」とともに「をみな」の語も使われた。「をみな」は「若い女」「美しい女」の意味合いが強く、その点で「め」との間に使い分けがあった。

平安時代になると、「をみな」が「をんな」の形に変化するとともに、この語は女性一般の意味が強まり、一方、「め」は次第に意味が沈下し、女性を卑しめ見下げていうときの表現になった。「をんなご」は平安時代から見られるが、当初は「幼女」もしくは「成人した若い女」の意味で使われた。「をんなご」の転じた「をなご」の形は鎌倉時代の文献に初めて現れ、室町時代には女性の一般称として多くの文献に見られる。

奈良時代に女性の一般称として近畿中央部で使われていた「め」は、北陸のメロー、沖縄のミドゥムの中に残っている。メローは「女郎」「女童」などに由来するといわれ、これも本来は「少女」を意味する語である。ミドゥムは「女（め）ども」の変化である。

このように、昔中央で広く使われた「女」の意の「め」はいまや遠隔の地で命脈を保っているだけであるが、「雌」の意味では、メ〜（メウシ・メウマなど）、メン〜（メンドリなど）、メス、メンタ、メッカイなどの形で、今でも全国的に使われている。「め」はまさに卑称の位置に沈下したのである。

オンナのあとに生まれたオナゴは、その後次第に勢力を拡大してオンナの領域に侵入していったわけであるが、九州以南の地域ではオンナが完全に駆逐されたにもかかわらず、関東・中部ではなぜオンナが（一般称として）「残った」のだろうか。これについては、関東・中部ではオナゴの出現によってオンナの語が消え去ったわけではなく、その意味が「恋人」「情婦」の位置にずれて潜在し、その後なんらかの事情で「女」の一般称として復活したとの説がある。しかし筆者は、近畿で生まれたオナゴは、オンナの抵抗にあって東海・関東方面には侵入を果たせなかったものと考える。そしてオナゴは、北陸を経由して東北地方の日本海側に入り込み、東北地方に多い接尾辞の〜コ（ベココ＝牛・アメコ＝雨・飴）の存在に触発されるなどして東北一円に広がったという仮説を提示したい（この問題については、江戸期の文献に「おなご」と「おんな」の使い分けが認められるかどうかの研究が必要であろう）。

オンナゴは愛知西部と伊豆の八丈島に多く、そのほか、群馬・新潟・宮城・岩手などに点在する。このうち、本州のものはオンナとオナゴの接触する地域に見られるから、これらは両者の「混交」⑥によって新たに生じた可能性が強く、「をなご」の原形としての「をんなご」(古語)の残存とは必ずしも言えないだろう。ただし、八丈島では「男」を「オノコゴ」と呼んでいるから、この地のオンナゴは古語の「をんなご」の残存である可能性が大きい。

岐阜北部から能登にかけての地域と山陰地方で使われるニョーボー類は、もちろん「女房」に由来する。女房とは、本来は「女官の部屋」を指す語であるが、「貴人に仕える女」「妻」「女性一般」などの意味に変化していったわけである。したがって、島根東部(出雲)・鳥取西部(伯耆《ほうき》)・岐阜北部(飛騨)などでは、「うちにはニョーボーが三人いる」などと言えるはずである。

島根県の出雲地方や鳥取県の伯耆地方には**ニョーバ**が多いが、これはこの地方のいわゆる開音《かいおん》(au に対応する音)が aa になる(「行かう」イカー、「楊枝」〔やうじ〕→ヤージなど)という音韻上の特色により、「房」(ばう)が bau → baa → ba と変化したものである。

ネショーは「女性」(にょしょう)に由来するものであろう。ただし、各地(佐渡・和歌山・香川・高知)とも語頭がすべて「ネ」であり、「ニョ」が全く見られないのが不思議である。これを「女性」の一般称とする勢力は微弱であるが、卑称としては和歌山・香川・高知の各県内で広く使われる。

アマは一般称としては関東にのみ見られるが、卑称としては関東・中部・近畿の各地に広く分布する。アマ（尼）に関連しては、**ビク**、**ビクニ**（比丘尼）も山梨などで女性の卑称として使われている。

あほ・ばかの方言

――バカはアホよりも古いことば

東京で「ばか」を意味することばが、関西では「あほ」であるという事実はよく知られている。もっとも東京でも関西でも「ばか」「あほ」の両方を使うが、東京では「あほ」と言われる方が「ばか」よりも侮辱感が強く、関西では逆に「ばか」の方がきつい表現であり、「あほ」は会話でよく使われる軽い表現とも言われている。

テレビ朝日（大阪）に、視聴者の依頼に応えてさまざまな調査をおこなう「探偵ナイトスクープ」という番組がある。この番組に、ある視聴者から、「あほ」と「ばか」の境界はどこにあるか調べてほしいという依頼が来た。そこでテレビ朝日では全国の教育委員会に手紙を出し、各地の「あほ・ばか」の表現を調査した。

結果は意外なものであった。近畿を中心に**アホ**が分布していることは予想どおりであったが、その両側に**バカ**が分布していたのである。つまり、バカ・アホ・バカというＡＢＡ分布（周圏分布）であることが判明し、「方言周圏論」（①）を適用すれば、バカはアホよりも古い表現であることが分かったのである。

この調査が明らかにしたことはそれだけではない。アホとバカのほかに全国には非常に多くの「あほ・ばか」を意味する方言が存在し、しかも、その多くは周圏分布をしていたのである。この調査結果をもとに方言地図が作成され、「あほ・ばか」方言は、「かたつむり」をはるかに越える多重周圏分布を形成していることが判明した（この調査結果は一九九二年に放送され、番組は全国民放大賞を受賞した）。

テレビ朝日が作成した「全国アホ・バカ分布図」によれば、バカのおもな領域は中部・関東以東と島根・広島以西であり、そのほかのさまざまな方言形と共存している。ただし奄美・沖縄地方は**フリムン**類（後述）であり、アホもバカも使われていない。

分布の上で最も古いと推定されるのは**ホンジナシ**類（**ホデナス**、**ホガネー**などを含む）であり、おもに東北地方と九州南部に分布している。「ほんぢ（本地）」とは「物の本来の姿・本性・正気」という意味であり、室町末期の『酒呑童子《しゆてんどうじ》』には「酔ひてもほんぢ忘れず」という用例がある。

次に古いと推定されるのは**ホーケ**類（**ホロケ**、**フーケモン**などを含む）で、山形と佐賀・長崎付近に周圏分布を見せている。次に古いのは**ダラ**類（**ダラズ**などを含む）で、富山・石川と鳥取・島根東部（出雲地方）の二領域に集中している。

以下、この番組で推定された、京都で生まれて周囲に広がっていった語形の順序は以下のとおりである。

ダボ類（長野の一部と兵庫南部ほか）↓**タワケ**類（愛知・岐阜・長野南部付近と山口など）↓**コケ**類（関東北部と愛媛の一部）↓**ボケ**類（関東の一部と近畿・中国・四国に散在）↓**トロイ**類（静岡・愛知の一部と四国）↓**ウトイ**類（長野の一部と近畿南部）↓**アンゴー**類（佐渡島と岡山など）↓**アヤカリ**類（福井の越前地方と長崎の一部ほか）↓**ヌクイ**類（福井の越前地方と兵庫・広島の一部）↓**ハンカクサイ**類（東北北部・北海道と石川の能登地方）。

ハンカクサイは北海道弁を代表する語として有名であるが、これは東北北部の方言が移住によって北海道にもたらされ、北海道全域に広がったものと考えられる。ただし、ハンカクサイは分布図によるかぎり、近畿以西には見られず、『日本方言大辞典』（小学館）にも東日本の用例しか載っていないので、この語が京都（中央）で使われたことがあるかどうかは、今後の検討が必要であろう（ただし、後述する松本修氏の著書には奈良県で「面倒くさい」という意味でハンカクサイを使うという情報が記載されている）。

奄美・沖縄全域に見られるフリムンも、この番組では（京都における）最も古い語と推定しているが、地図を見るかぎり本土には皆無なので、これについても疑問がある。なお、フリムンの語源は「ほれもの」であると考えられる。沖縄では本土におけるオ段の音はウ段に、エ段の音はイ段に変化しているから、horemono《ホレモノ》→hurimun《フリムン》という変化が想定されるわけである。「ほれる」とは、夢中になって頭がぼうっとなる（ばかになる）ことである。

以上のほか、一地方にのみ見られる語として、茨城の**ゴジャッペ**、福島の**オンツァ**などがある。茨城の人にゴジャッペの意味を聞いてみると、「ばかもの」のほか、「でたらめ」「うそつき」「むちゃ」など、人によって説明がまちまちである。そもそも性格や感情をあらわすことばは共通語であれ、方言であれ、その意味するところを正確に把握することはむずかしい。テレビ朝日が収集した多様な語形の意味も、アホやバカの意味とは微妙にずれている可能性があることは注意すべきであろう。

この番組は、テレビ朝日のディレクター（当時）の松本修氏の企画によるものであるが、その後松本氏は、全国に分布しているアホバカ方言が、いつの時代の中央（京都・江戸）文献に現れるかも精査して、『全国アホバカ分布考――はるかなる言葉の旅路』（太田出版）という名著を刊行した。

酒とことば——「酒」の方言は少なく、「酔っぱらい」の方言は多い

〈酒〉を詠んだ筆者の好きな短歌を紹介しよう。

高知城に残されている、江戸時代・享和元年（一八〇一年）のものと推定される落書きに、「禁酒したれど酒屋見れば足がしとふぁと歩まれぬかな」という歌がある。現代と変わらぬ庶民感情があらわれている。「しとふぁと」は「気もそぞろに」「ふらふらと」のような意味であろうか。この擬態語は現行最大の国語辞典である『日本国語大辞典』（小学館）にも、約四五〇〇語の擬声語・擬態語が収録されている『日本語オノマトペ辞典』（小学館）にも載っていない。

仙台市に土井晩翠《ばんすい》（詩人・英文学者）の旧居である「晩翠草堂」が公開されているが、晩翠が使用したベッドの傍らには「酒といふ文字を見るさへうれしきに、のめといふ人神か佛か」の一首がある。妻にも子にも先立たれ、晩年は酒で寂しさを紛らわしていたのだろう。

晩翠の妻、土井八重は高知県出身で、『土佐の方言』（一九三五年、春陽堂）、『仙台の方言』

（一九三八年、春陽堂）の著者として、方言研究者の間では有名である。八重は東京音楽学校（現・東京芸術大学音楽学部）の出身で、言語研究者としての教育は受けていないと思われるが、単なる方言の単語だけではなく、文法的特徴も記述しており、当時としては水準の高い著述である。八重の兄は東京帝国大学英文科で、晩翠の一年先輩である。晩翠作「荒城の月」を作曲した滝廉太郎は、東京音楽学校の研究生であった。

古代文学で酒を詠んだ和歌は多いが、特に有名なのは大伴旅人《おおとものたびと》の「酒をほむる歌十三首」（万葉集）である。

験《しるし》なき物を思はずは一坏《ひとつき》の濁れる酒を飲むべくあるらし（三三八）

あな醜《みにく》賢《さか》しらをすと酒飲まぬ人をよく見れば猿にかも似る（三四四）

なかなかに人とあらずは酒壺に成りにてしかも酒に染《し》みなむ（三四三）

これらは酒飲みが共感を覚える歌であろう。歌の大意は以下のとおり。「つまらない物思いなどにふけらないで、一杯の濁り酒でも飲むべきであろう（三三八）、「酒飲みを馬鹿にする人の顔は猿に似ている」（三四四）、「酒壺になって酒浸りになっていたい」（三四三）。

意外なことに、酒を意味する方言はそれほど多くない。**アカ**、**アケ**、**オト**、**アマ**、**タンタン**、**トートコ**、**ヨイヨ**などの方言は全国的にあるが、ほとんどが幼児語である。

「あか」は梵語《ぼんご》（インドのサンスクリット語のこと）の「閼伽《あか》」に由来し、本来は仏に供える水（またはそれを入れる容器）を意味する。転じて僧侶仲間の酒を意味する隠語になり、その後幼児語として使われるようになった。

「雨」「空」「風」「竹」などのように日常生活で多用される「基礎語彙」（解説⑦）には地域差があまりない。「酒」も基礎語彙の一種と考えられる。九州では「酒」の方言をたずねるとほとんどの人が**ソツ**、**ショチュ**などと答えるが、これは九州では酒と言えば焼酎のことだからである。

⑦**基礎語彙**　「あめ（雨）」「そら（空）」「たけ（竹）」「やま（山）」のように、古代から現代まで変化せずに使われている単語のこと。基礎語彙には日常生活で多用される語が多い。方言は日本語の変化を反映するので、基礎語彙には方言形が少ない。

一方、〈**酔っぱらい**〉を意味する方言は非常に多い。**イクレンボー**（宮崎）、**エークライ**（熊本）、**グザノミ・ヨタモン**（三重）、**クライタオシ**（富山）、**サカクライ**（山形）、**サケヨタ**（大分）、**サンテツマゴラ**（佐賀）、**ズデンボ**（福井）、**ユータドン**（熊本）、**ヨイタンボ**（鳥取・島根）、**ヨッキリボ**（福島）などなど、方言辞典には二〇〇語近くの方言が載っている。

そもそも方言の種類＝「方言量」（解説⑧）は、「怠け者」「臆病者」のようなマイナスイメージの語に多いという特徴がある。

⑧**方言量**　特定の意味の語について、全国に分布する方言形の数のこと。柳田國男の用語。「めだか」「かたつむり」「かまきり」のような小動物や、「彼岸花」「すみれ」「松かさ」のような身近な植物、「片足跳び」「おにごっこ」「ままごと」のような遊び、「おてんば」「娼婦」「臆病者」「怠け者」「馬鹿」のようなマイナスイメージの語、親族名称などは、方言量が多い。

〈**晩酌**〉を意味する方言では、熊本・宮崎・長崎などに**キツケ**、**ダリヤミ**ということばがある。「キツケ」は「気付け薬」の「気付け」、「ダリヤミ」は「だれる」（疲れる）のを「止める」という意味で、晩酌の効用をうたった命名である。

山形や新潟では**アガリザケ**、佐渡では**ウミアガリ**と言っているが、これは仕事から（海の仕事から）あがって飲む酒という意味である。

山梨・長野・岐阜・静岡・愛知・三重・京都・奈良・和歌山など広い地域で、晩酌を**オシキセ**と呼んでいる。「（お）しきせ」（仕着せ・四季施）とは、元来は季節ごとに主人が奉公人に与える衣服のことである（奉公人に与える給料や衣食をシキセと呼ぶ地方もある）。晩酌を意味するオシキセは、「仕事のあとに奉公人にふるまう酒」という意味が転じたものであろうか。

稲童丸克己《いなどうまるかつみ》によると、日本には約四〇〇〇種類の日本酒の銘柄があるが、その名前には一定の地域差が認められる。

「栄川」（福島）／「菊川」（宮城）／「最上川」（山形）／「秋田川」（秋田）／「久慈川」（岩手）／「桃川」（青森）、のような「～川」の銘柄は七五％が北海道と東北地方に集中している。「磐梯山」（福島）／「蔵王」（山形）／「太平山」（秋田）／「関山」（岩手）／「岩木山」（青森）／「恵那山」（岐阜）／「雲山」（長野）、など「～山」は東北と中部で六二％を占める。「玉美人」（岡山）／「安芸美人」「福美人」「東美人」「比婆美人」（以上、広島）／「周東美人」（山口）／「宝美人」（香川）／「菊間美人」「京美人」「喜多美人」「梅美人」「伊予美人」（以上、愛媛）、のような「～美人」は中国・四国地方、とくに広島と愛媛に集中している（全国の七四％）。

　筆者の経験では、しらふよりも酒を飲んだときに方言が出やすいような気がするが、八丈島では逆に酒を飲むと方言が減少し、共通語が増えるという話を聞いた。酒を飲むと議論になるが、むずかしい話は共通語でなければできないということであった。

　確かに、方言の語彙だけでは現代社会を生きることはできない。憲法九条を各県の方言に翻訳した本があるが、たとえば青森県の場合、「平和」「世界」「国」「武力」「戦争」「兵隊」

「陸軍」「海軍」「ミサイル」「爆弾」「権利」「政府」は共通語がそのまま使われている（一九五ページ参照）。

V 動植物

かたつむり（蝸牛）――柳田國男の「方言周圏論」で有名

方言の全国的な分布を眺めると、一地方にだけ分布すると思っていた語が、実はかけはなれた別の地方にも存在するという場合が少なくない。

たとえば、「地震」の場合、全国の大部分はジシンであるが、ナイ、ナエ、ネー（古語の「なゐ」に由来）などが東日本に点々と分布するほか、九州と沖縄に勢力をもっている。

「とんぼ」では、全国に広く分布するトンボをはさんで、その両側の地域にアケズ、アッケ、アケシなど（古語「あきづ」に由来）が分布している（一〇九ページ参照）。

このような分布形態を、方言学・言語地理学の分野で「周圏分布」または「ＡＢＡ分布」と呼ぶことは先に述べた。そして、この分布に注目し、解釈をあたえたのが柳田國男の「方言周圏論」（①）である。

柳田は、その著『蝸牛考《かぎゅうこう》』（一九三〇年）の中で、通信調査によって収集した全国のかたつむり（蝸牛）の方言を、**ナメクジ**類（Ａ）、**ツブリ**類（Ｂ）、**カタツムリ**類（Ｃ）、**マイマイ**

類（D）、**デデムシ**類（E）の五類、その他に分類し、京都を中心に分布するデデムシ類をはさんで、各類の語が、A―B―C―D―E―D―C―B―Aという分布配列を形成していると判断した。そしてこの分布は、すべての語が京都で生まれて周辺に広がり、京都ではA↓B↓C↓D↓Eの順にことばが交替し、そのつど古い語が水の波紋のように地方に広がっていった結果であると解釈した。

図9は『日本言語地図』の略図であるが、この図から『蝸牛考』で示された周圏分布を読みとることは容易ではない。しかし、結論から言えば、ナメクジ↓ツブリ↓カタツムリ↓マイマイ↓デデムシの順に語が生まれて周辺に広がったとする柳田の解釈は、本図の分布と矛盾しないと考える。

まず、**デデムシ**（**デンデンムシ**などを含む）類は近畿を中心にまとまった領域をもち、他の地域にも散在する。この語が近畿で生まれた新しい勢力であることは疑う余地がない。柳田はデンデンが「出よ出よ」に由来するとし、各地に分布する「♪でんでんでんの虫、出んと尻うつきるぞ」の類のわらべ歌を傍証としている。

「♪でんでんむしむしかたつむり、……つの出せ、やり出せ、目玉出せ」という童謡は、このわらべ歌をもとに作詞されたものであろう。最近の国立国語研究所の全国調査によれば、『日本言語地図』に見られるかたつむりの方言は大部分が消滅し、デンデンムシとカタツムリのみが生き残っているという。その背景には、この童謡の普及があるとされる（最近の若者は、この歌を含めて伝統的な童謡の多くを知らない。滅びゆくのは方言ばかりではないようだ）。

デーロ、ダイロは、デンデンムシの東側に明瞭な領域をもつ。このうち、福島・新潟・栃木のものは大部分がダイロであり、長野などはデーロが多い。柳田はデーロ・ダイロをデデムシ類に含めて論じ、デーロは命令形「出ろ」に由来するとしている。そして民衆はこの語源を意識しなかったために、デーロはダイロの訛りであると誤認し、もとの「正しい形」に戻そうとしてダイロが生まれたと推定している。この現象を柳田は「誤れる回帰」（解説⑨）と呼んだ。

---

⑨誤れる回帰　柳田國男が命名した用語。過剰修正、hypercorrection とも言う。訛った表現ではないのに「訛っている」と誤解して語形を修正し、結果的に新たな方言形を生み出す現象のこと。北海道では、「キャベツ」を「カイベツ」と言っていた。これは「キャ」の音を、「だいこん」が「デャーコン」になるような訛りであると誤解し、それを元の「正しい」形に直そうとした結果生まれたものと考えられている。

マイマイは、西日本では鳥取東部、広島と岡山の県境付近、東日本では愛知東部付近でデ

図9　かたつむり（蝸牛）

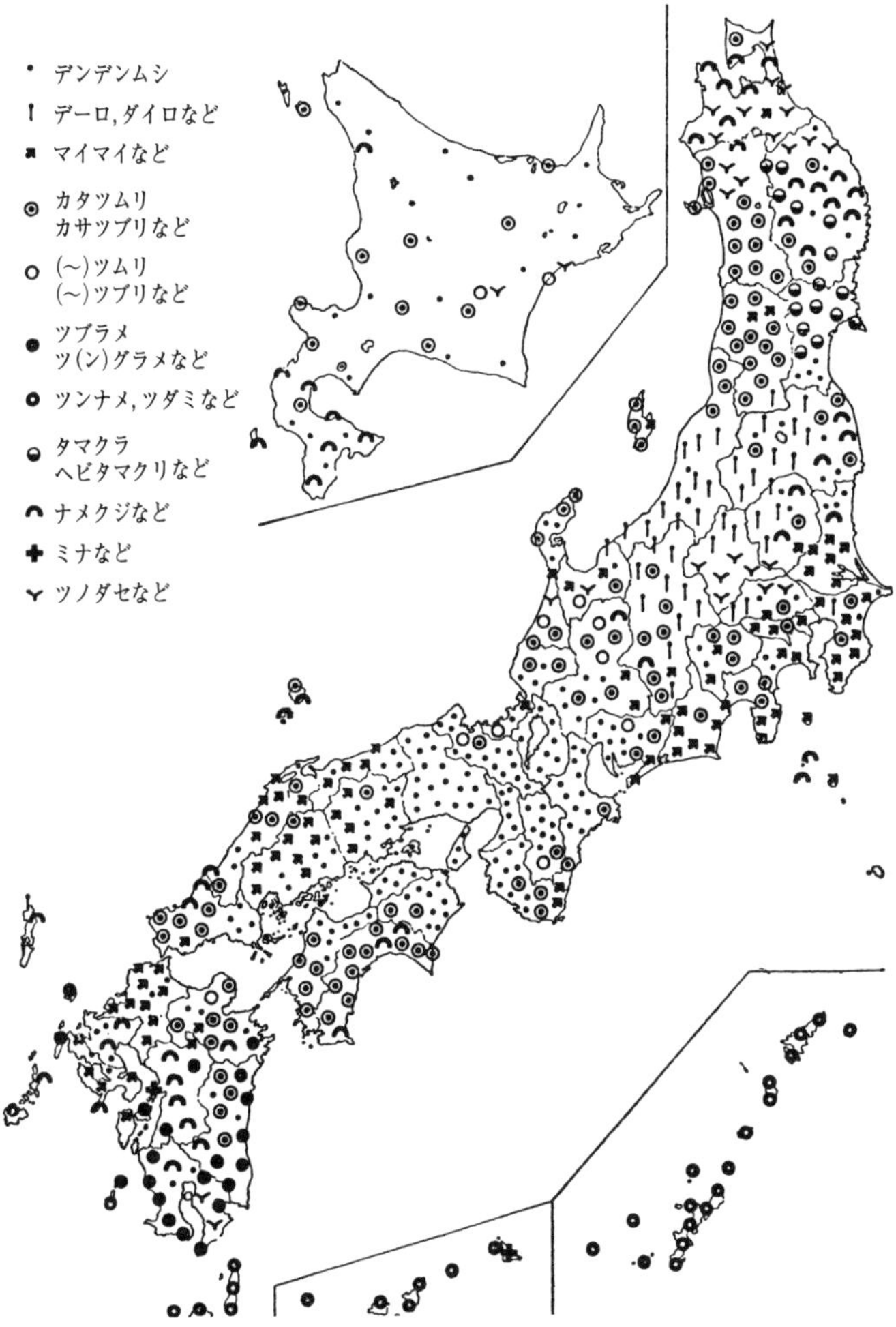

佐藤亮一作図。徳川宗賢編『日本の方言地図』（中公新書）より

ンデンムシと接しており、この分布はデデムシ類が生まれる前はマイマイ類であったとする柳田の説を支えるものである。

カタツムリ類（**カサツブリ**などを含む）とツブリ類（**ツムリ**、**ツブラ**などを含む）は各地で分布が隣接している。語形の共通性から見ても両者は発生的に相互に関係をもつに違いない。柳田は、ツブラ・ツブリなどの語が、巻き貝や蝸牛などを含む円形のものの呼称として存在し、カタツムリ・カサツブリなどは、それらから蝸牛を区別するために生まれた名称であると考えているようである。

「つぶら」は長野や岐阜で「子どもを入れておく丸い桶」の呼称として用いられ、また、「つぶ」「たつぶ」が「田螺《たにし》」の呼称として東北から中部地方にかけての広い地域に分布する（共通語の「つぶら〔な瞳〕」や「頭」の意の幼児語「おつむ」の「つむ」なども円形を意味する）。

九州南部に領域をもつ**ツグラメ**、**ツングラメ**や、岩手・宮城に見られる**タマクラ**のクラの部分もツブラと関係がありそうである。「つぐら」は、「ゆりかご」の意で山形・新潟・長野などに、また「蛇のとぐろ」の意で長崎・鹿児島に分布し、いずれも円形のものという点で蝸牛の呼称と通ずる点がある。

柳田が周圏分布の最も外側にあると判定したナメクジ類は、青森・岩手と九州中央部に勢力をもつほか、各地に散在する。九州ではナメクジ類の外側にツブラメ、ツングラメがあるが、もし、奄美・沖縄の**ツンナメ**、**ツダミ**などをナメクジのナメに当たる形と認め得るなら、ナメクジ類が最も古いとする柳田の説を補強することになろう。

ナメクジ類が分布する地域では、「かたつむり」と「なめくじ」を区別せずに、ナメクジと言っているところが多い。これは両者を区別して呼ぶ体系よりも古いと考えられる。「蝸牛」を**イエショイナメクジ**、「蛞蝓《なめくじ》」を**イエナシナメクジ**（または**ハダカナメクジ**）と呼ぶ地域もあるが、これも、かつては両者を区別せず、ナメクジと呼んでいたことを示唆するものである。

とんぼ（蜻蛉）

——方言に残る古語（「あきづ」と「ゑんば」）

「とんぼ」地図（図10）を見ると、本州の大部分はトンボ類（**トンボ、ドンボ、ドンブ、ダンボ、ダンブリ**など）であり、その両側の東北地方と九州・沖縄にアキズ類（**アケズ、アケシ、アッケ、アケージュー、ケージョー**など）が分布している。このようにアキズは「周圏分布」①を見せているから、アキズはトンボの前に誕生した語であると推定される。

この推定が正しいかどうかは、文献によって確かめることができる。文献上「とんぼ」を意味する最も古い語は「あきづ」であり、奈良時代の『古事記』に「あきづ来てそのあむをくひて飛びいにき」（とんぼが来て、虻を喰って飛んでいきました）のように使われている。

九州西部には、エンバ類（**エンバ、ヘンボ**）が分布している。この語は周圏分布を見せていないから、かつて中央で使われていたかどうかについては、方言分布からは分からない。しかし、平安時代初期の文献には「かげろふ」と「ゑんば」が現れる。平安初期に源《みなもとの》順《したごう》が編纂した『和名抄《わみようしよう》』には、「蜻蛉」の語に「かげろふ」の訓がふられている。

図10　とんぼ（蜻蛉）

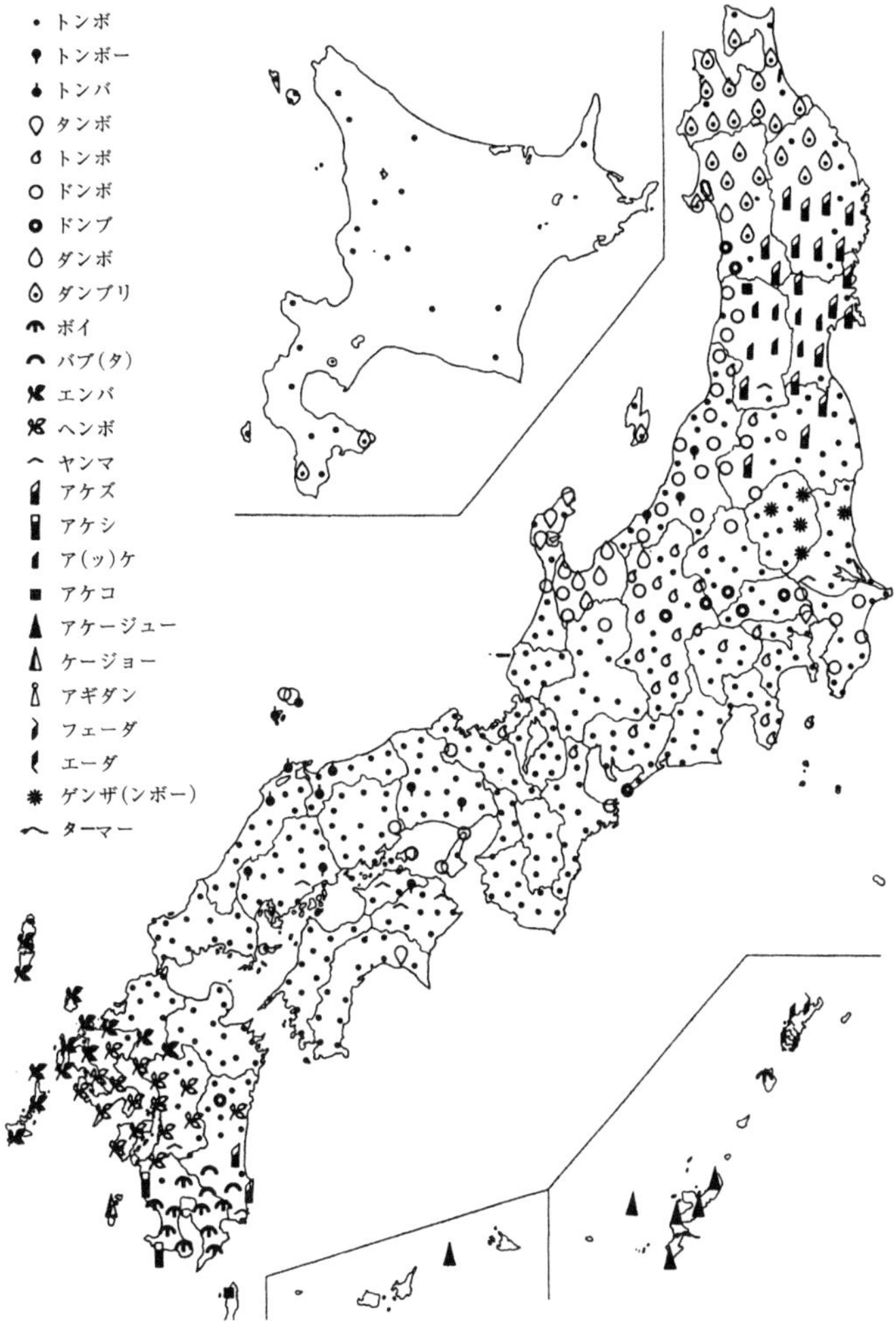

佐藤亮一監修『お国ことばを知る　方言の地図帳』（小学館）より

また、同書に「赤卒」の訓として「あかゑんば」があり、「蜻蛉之小而赤也」（小さく赤い蜻蛉）という説明が添えられている。「あかゑんば」は「あかとんぼ」のことであろう。この記述から九州西部に見られるエンバは、かつて京都でも使われていたことが分かる。

エンバ類の語については、新井白石の『東雅《とうが》』（一七一七年）に「東国の方言には今もエンバといひ」とあり、『新編常陸国誌《しんぺんひたちこくし》』（一八三六～五五年）には、「けんざっぽう　蜻蜓の小さきものを云ふ、又之をえんばとも」と記されている。この記述により、江戸時代にはエンバが東日本でも使われていたことが分かる。「けんざっぽう」は、図10で栃木・茨城に見られる**ゲンザ**（**ンボー**）のことであろう。なお、エンバは大型のとんぼをさす現代共通語の「やんま」と関係があるのではないかと思われる。

「かげろふ」は『蜻蛉日記』や『源氏物語』の「蜻蛉」の巻が有名であるが、現代の方言には見られない。しかし、とんぼによく似た虫に「うすばかげろう」（幼虫はアリジゴク）の名が与えられているから、「ゑんば」と「やんま」の関係と同様に、伝播の過程で意味が移行したのではないかと考えられる。

トンボ類の語は、『康頼本草《やすよりほんぞう》』（一〇世紀末）に「蜻蛉　和（名）止ム波宇」として現れるのが最初である。ついで『和歌童蒙抄《わかどうもうしょう》』（一二世紀中期）に「くろきとうはうのちひさきやうなるもの」とある。したがって、「とんぼ」の語は、奈良時代の「あきづ」から平安初期の「かげろふ」と「ゑんば」に、そして「とんばう」にという変遷をたどったことになる。
文献に見られるこの変遷の順序は、方言の分布から推定される順序と矛盾してはいない。また、方言の分布からは分からなかった「かげろふ」の存在や、エンバが江戸時代には周圏分布をしていた事実が、文献によって確かめられたことになる。

東北地方北部にはダンブリ、富山県にはダンボ、石川県の能登地方にタンボが分布している。これらの語形の成立に関しては、周囲に分布するドンボ、ドンブなどとの関係が考慮される。鹿児島県にはボイが勢力をもっているが、これは、小野蘭山の『本草綱目啓蒙《ほんぞうこうもくけいもう》』（一八〇三～〇六年）の「蜻蛉」の項目にみえる「ボウリ薩州」の変化である。

日本の両端に蜻蛉を意味する「～リ」の語形がみられることは偶然とは考えにくく、蜻蛉をあらわす古代日本語の原型を推定するうえで、貴重な存在である。

カマキリとトカゲ――意味の逆転！

東京の多摩地方や埼玉県の一部には、「かまきり」を**トカゲ**、「とかげ」を**カマキリ**と呼ぶ地域が存在する。

『日本言語地図』を見ると、「かまきり」をトカゲと言っている人は東京多摩地域・千葉県北部・山梨県・埼玉県・群馬県の一部などに見られ、『東京都言語地図』（東京都教育委員会編、一九八六年）の「かまきり」の図でも、多摩地域の老年層の大部分の回答はトカゲとカマキリの併用である。しかし、「かまきり」と「とかげ」はまったく似ていない。なぜこのような逆転現象が起きたのだろうか。

『日本言語地図』の「かまきり」と「とかげ」の地図を見ると、関東地方から長野・山梨・静岡にかけて**カマギッチョ**と**カガミッチョ**という類似の語形が複雑に錯綜分布し、しかも、それぞれの語形が地域によって「かまきり」を意味したり、「とかげ」を意味したりしている。

その分布はおよそ以下のとおりである。

「カマギッチョ」が「かまきり」を意味する地域

（茨城南部、栃木・千葉・埼玉のそれぞれ一部）

「カマギッチョ」が「とかげ」を意味する地域

（群馬・埼玉・千葉・東京多摩地域のそれぞれ一部）

「カガミッチョ」が「とかげ」を意味する地域

（山梨全域、神奈川東部、東京多摩地域、長野、千葉の一部、静岡県伊豆地方）

それぞれは多くの地域で分離しているので、かつては大きな混乱はなかったであろう。しかし一部の地域で意味が異なる類似の（または同一の）語形が地理的に接触した際に混乱が起きた。そして、方言形（カマギッチョ、カガミッチョ）を共通語（カマキリ、トカゲ）に転換する際に意味の逆転が生じ、その現象が一定の地域で勢力を得たのではないかと推定される。

カエル（蛙）——「ヒキ」「ビッキ」は「カエル」より古い

「蛙のことを方言で何と言いますか」と質問すれば、岩手・秋田・宮城・山形の大部分の人は**ビッキ**と答えるのではないだろうか。このビッキは宮崎でも使われている。ビッキは、「ひき」（「蟇蛙《ひきがえる》」の「ひき」）の濁音形であり、「蛙」を意味する**ヒキ**も山口・高知・和歌山南部などに見られる。

共通語形の**カエル**は、近畿・中国と関東に分かれて分布する。ヒキ類はカエル類の外側に「周圏分布」（①）を見せているから、方言分布からは、ヒキはカエルよりも古い表現であると推定される。

しかし、文献上は「かへる」が奈良時代から使われており、「ひき」は「ひきがえる」の呼称として平安時代の文献に現れる。かつては「蛙」と「蟇蛙」を区別せず「ひき」と呼んでいたが、その後生まれた「かへる」と「ひき」が結合して「ひきがえる」という複合形が生まれたとも考えられる。方言にも、「蛙」と「蟇蛙」を同一または類似の語形で呼んでいる地域が存在する。

古語の「かはづ」に由来する**カワズ**は長野・愛知・静岡西部などに、その濁音形である**ガワズ**、**ギャワス**が富山・石川南部などに見られる。**ガエル**という濁音形もカエルの周辺地域に分布している。古代の中央語（奈良・京都のことば）には濁音から始まることばはないというのが定説であるが、方言の世界ではガエル、ガワズ、ガニ（蟹）、ガバン（鞄）のような濁音形が各地に存在する。

カエル、ガエルは、各地でキャール、ギャール、ギャルなどの形に変化している。北原白秋作詞「キャールが鳴くんで雨ずらよ」（蛙が鳴いているから明日は雨だろうよ）という静岡のちゃっきり節（茶切り節）が有名である。なお、「鳴くんで」の部分は、原作では「鳴くんテ」であるという。国立国語研究所編『方言文法全国地図』の「雨が降っているから」の図でも、静岡に「ンテ」がわずかに見られるが、「ンデ」は見られない（一五四ページ参照）。

奈良時代の「かはづ」は、歌にしか現れない。この「かはづ」は魚の「鰍《かじか》」を指すという説もあり、現在のところ「蛙」「鰍」のいずれを指すかについては結論が出ていない。しかし、方言の世界で「蛙」を意味するカワズ、ガワズが多く見られることは、この問題を考える上で重要であると思う（「かじか」を意味する方言としてのカワズ・ガワズは、方言辞典には見当たらない）。

青森西部から秋田北部にかけて、**モッケ**が分布する。この地域では「蛙」と「蟇蛙」を区別せずモッケと呼ぶ地点と、「蟇蛙」を「蛙」と区別して**イボラモッケ**と呼ぶ地点が混在している。九州西部には**ドンク**が勢力を持っているが、この地域も「蛙」と「蟇蛙」の区別が曖昧である。

以上のほか、**ベットー**（埼玉西部）、**ゴット・ガット**（能登）、**ドンビキ**（岐阜北部）、**サンゲントビ**（四国東部）、**ワクド・バクド**（大分）、**アップ・タップ**（鹿児島）、**アタビチ・アタビチャー**（沖縄本島）、**アナタ・マナタ**（宮古島）、**アウダ・オッタ**（西表島）などの語形が、各地に小領域を持っている。

このうち、ベットーは、方言で神主を意味するベットー（「別当」に由来）と関係があるかもしれない。両足を前に出して、かかとを合わせる座り方を「ベットアグラ」と呼ぶ地方がある。ベットーは蟇蛙の方言としても関東各地で使われている。

ワクドは、九州の大部分の地域では「蟇蛙」を意味する。アタビチ、アタビチャーのビチ、ビチャーも、ヒキの変化である。沖縄に見られる諸語形は、アタ類としてまとめることができよう。沖縄本島（首里）では青蛙を**アタク**と呼んでいる。

とさか（鶏冠）――「トリ（鳥）サカ」の変化

標準語形の**トサカ**は、近畿から関東にかけての本州中央部に分布し、トサカに語形が類似する**トリサカ**、**トッサカ**が岩手の三陸沿岸、新潟・富山・岐阜のほか近畿各地に散在する。また、**サカ**が秋田・関東東部・四国東部など、トサカの周辺部に「周圏分布」（①）を見せている。

古代には「鶏冠」を「さか」と言っていた。サカの本来の意味が分からなくなったため、サカに「鳥」を付けたトリサカが生まれ、トッサカ、トサカに変化したと考えられている。岩手北部に見られる**ケ**（**ッ**）**チャカ**は、「毛」＋「サカ」の変化と考えられる。

新潟北部には**トカサ**という語形が見られる。これは「音位転倒」（解説⑩）によってトサカから変化したものであろう。音位転倒の例としては、サンザカから生まれたサザンカ（山茶花）が有名である。もっとも、トカサは頭の上の「笠」という「民衆語源」（②）によって生まれたという解釈も可能である。

⑩音位転倒　誤って単語（など）の音節の位置を入れ替える現象のこと。入れ替えた語形が、新たな単語として定着することが多い。「さざんか（山茶花）」は「さんざか」の音位転倒によって生まれた語である。最近の若者は「雰囲気」を「ふいんき」と言う傾向がある。

中国地方と鹿児島には、「烏帽子」に由来する**エボシ**や**ヨボ**（**ー**）**シ**の大領域がある。エボシ類に囲まれる形で**カブト**が四国西部と九州中央部に分布している。「兜」も「烏帽子」も頭にかぶるものであるから、両者は発生的に関係があると思われる。エボシはカブトの両側に周圏分布をしているから、エボシの方が古く、「烏帽子」からの連想でカブトが生まれたのかもしれない。エボシは青森県東部にも見られるが、これは西日本からの伝播ではなく、この地域で独自に生まれたものかもしれない。

青森に勢力をもつ**キノコ**や、山形・宮城・香川の一部に見られる**ヤマ**（**コ**）は、「とさか」の形からの連想であろう。岩手西部などに見られる**ケ**（**ー**）**ト**（**ー**）は、「鶏頭」の音読みと思われる。山形県全域に見られる**ビク**は、比丘尼《びくに》（尼）の被り物と関係があるかもしれない。奄美・沖縄の全域に分布する**カガミ**や沖縄本島南部に見られる**カンジ**の語源は不明である。

うし（牛）——東北の「ベゴ」は牛の鳴き声から

食事のあとなどに唱える「ああうまかった牛負けた」という表現がある。東北地方では、「ああうまかったベゴ負けた」と言う。すなわち、東北地方では「牛」を**ベゴ**と言うのである。

〈**牛**〉は東北地方を除いて全国の大部分が**ウシ**であり、方言形はきわめて少ない。山梨などに**ウシンベー**、長野北部に**ベーボー**、鹿児島を中心として**ベブ**、茨城に**ウシメ**が見られる程度である。ベゴは、牛の鳴き声を表す「べー」に接尾辞の「コ」が付いたものであろう。山梨・長野・鹿児島での呼称も鳴き声と関連する。ウシメのメも接尾辞で、トリメ（鳥メ）、ハエメ（蝿メ）などのように動物名に接尾する。「すずめ」や「かもめ」などの「め」も指《し》小辞《しょうじ》（小さいものを意味する接尾辞）に由来するものかもしれない。

〈**雌牛**〉は東北地方では大部分が**オナゴベゴ**、長野などでは**オンナウシ**である。富山・石川では**メロウシ**と言っている。オナゴもメロ（メローの短縮形）も、それぞれの地域で「女」

を意味する語である（八六ページ参照）。関東には**メスウシ**が多い。近畿から四国にかけては**メン**、**メンウシ**が多いが、このメンも「めんどり」など同様に「雌」を表す語形である。

青森東部・岩手北部には**メッカ**、滋賀南部付近には**メンタ**が見られる。この「カ」「タ」も接尾辞の一種かもしれない。

中国地方から九州にかけての地域と四国の一部には、**ウナメ**、**ウナミ**、**オナメ**、**オナミ**、**ウナン**、**オナン**などのウナメ類が分布する。「うなめ」は、『名語記《みょうごき》』（一二七五年）などに見られる古語である。

『日葡辞書《にっぽじしょ》』（一六〇三〜〇四年）には「Vname（ウナメ） Mevji（メウジ）に同じ」とあることから、当時の京都（中央）ではウナメとメウジが使われていたことが分かる。このメウジは、岐阜・三重・和歌山などに**メウジ**、**ミョージ**の形で見られる。このように末尾が「ジ」になる語形は、〈**子牛**〉の名称**コウジ**としても、滋賀北部・和歌山南部・京都北部・兵庫北部・岡山などの近畿周辺地域に広く分布する。末尾が「ジ」になった理由は判然としないが、「子牛」の「子」から「児（ジ）」を連想した結果ではないかという説もある。この「子牛」の「〜ジ」に引かれて、メウシがメウジと変化した可能性が大きい。

沖縄は、全域が**ミーウシ**である。ミーウシは共通語形メウシの変化形であるが、本土におけるメウシの勢力はきわめて小さく、まとまった分布地域は見られない。

〈**雄牛**〉も、共通語形**オウシ**の本土における勢力はきわめて小さいが、沖縄本島はオウシの変化形**ウーウシ**である。

東北地方の大部分は**オドゴベゴ**、新潟・長野・富山などは**オトコウシ**であり、これは「雄牛」のオナゴベゴ、オンナウシに対応するものである。沖縄の先島諸島（宮古・八重山）では**ビキウシ**であるが、この地域では「男」を**ビキドゥン**と呼んでいるから、これも本土のオトコウシに当たる語形である。関東の**オスウシ**や近畿から四国にかけて見られる**オンウシ**も、「雌牛」を意味するメウシ、メンウシに対応する。

近畿・中国・九州には、**コトイ**、**コテ**、**コッテ**などのコトイ類が広く分布する。コトイは、平安時代の辞書に「ことひ」の形で記載されている古語である。コトイ類の語は青森東部から岩手北部にかけての地域や千葉・静岡ほかの東日本にも点在し、古語の残存状況を示している。

千葉に勢力をもつ**ヤローウシ**のヤロー（野郎）は、「男」を指す卑語として関東で使われていることばである。

牛の鳴き声・雀の鳴き声——東京の雀はチーチーと鳴く

動物の鳴き声を表す表現には、「ワンワン」「ニャーニャー」「モーモー」のような鳴き声を模した擬声語表現と、「ふくろう」の鳴き声をあらわす「ボロキテホーコー」（後述）のように鳴き声（ホーホー）になんらかの意味づけをほどこした「聞きなし表現」、その表現をさらに発展させた「タッシャデハタラケ」のような鳴き声からは遊離した表現や、鳴き声とは関係なく動物の習性と関係させた「アシタテンキニ」などがある。

『日本言語地図』には動物の鳴き声として、「牛の鳴き声」「雀の鳴き声」「ふくろうの鳴き声」の三図が収められている。この中から、さまざまなタイプの鳴き声表現を紹介しよう。

〈**牛の鳴き声**〉をあらわす共通語は**モーモー**であろう。『日本言語地図』を見るとモーモーはほぼ全国的に分布している。しかし、東北地方と西日本各地には**メーメー**も多い。メーメーは二つの地域に「周圏分布」（①）をしているから、メーメーが古い表現であり、モーモーは比較的新しい表現であると推定される。中国地方西部から九州北部にかけてはモーモーのほかに**モーン**（**モーン**）が多い。

東北地方と西日本では、モーモーとメーメーの両方を使う人が多く、その場合、例外なくモーモーは親牛の鳴き声、メーメーは子牛の鳴き声と言って区別している。新旧二つのことばが地理的に接触したときに両者の間に意味の区別・意味の棲み分けが起きる例は多い。

東北地方では、メーメーのほかに、**ベー**や**ベーベー**も多く見られる。東北地方では「牛」をベゴと言っているが、ベゴはベーという鳴き声表現に「コ」という接尾辞がついたものであろう（一一九ページ参照）。そのほか、**ウーウー**（富山・石川の一部）、**オン**（新潟県北部）、**ボーボー**（新潟県南部から長野県北部にかけて）、**ムー**（奄美大島）などがあり、ごく一部の地域で、**ミーミー・ミーン・マー**（鹿児島県奄美地方）、**ミャー・ワンワン**（鹿児島県徳之島の一部）と言っている。牛の鳴き声を「ワンワン」と表現する地域では、犬の鳴き声は何と言っているのだろうか。

〈**雀の鳴き声**〉の共通語は何だろうか。たぶん**チュンチュン**であると思っている人が多いだろう。しかし、チュンチュンが分布する地域はおもに近畿地方と中国地方であり、そのほかの地域は**チューチュー**または**チーチー**が大部分である。東京都区内はチーチーであり、「♪チーチーパッパ、チーパッパ、雀の学校の先生は〜」という歌は東京の鳴き声を歌詞にしている。

チューチュー、チーチーはチュンチュンの両側に分布しているから、前者が古く、チュンチュンは比較的新しい表現と考えられる。チュンチュンは青森県と秋田県などにも見られるが、東北地方のチュンチュンは日本海側に多いので、江戸時代に北前船によって関西から運ばれた語ではないだろうか。同様の例は、関西で使われる接続助詞の「〜サカイ」（共通語の「〜から」にあたる）が日本海を北上し、新潟県で「〜スケ」、山形県庄内地方で「サゲ」「ハゲ」に変化している例がある（一五三ページ参照）。また、西日本に広く分布するナスビ（茄子）は、青森県でも使われている。

そのほか、東日本には**チンチン**や**ツンツン**が多く見られ、岩手県には**ツリンツリン**が多い。変わった表現としては、鹿児島県に**ジジャバチャ**、高知県に**ジロサブジロサブ**、新潟県に**キチョキチョ**、長野県に**キャキャチャチャ**、埼玉県に**ツカツカ**、山形県に**グチュグチュ**、岩手県に**キッカラキカダカ**と言うところがある。

ふくろうはなんと鳴くか

――「糊をつけて干せ」など多様な表現

〈**ふくろうの鳴き声**〉をあらわすことば（表現）は非常に種類が多い。

最も多いのは共通語の**ホーホー**であるが、ホーホーしか分布しない県はなく、各県に多様な表現がある。ホーホーが比較的多いのは、中国地方から南東北にかけての本州中央部である。

青森県西部から秋田県東部にかけての地域では**モホモホ**と表現しており、この地方では、「ふくろう」をモホドリと言っている。青森県東部から岩手県北部にかけては**オホオホ**が多く、この地方では「ふくろう」を**オホ**と言っている。すなわち、鳴き声がそのまま鳥の名前になっているのである。共通語の場合は、動物の鳴き声とその動物の名称が同じであるという例はほとんどない（幼児語では「あそこにワンワンがいる」などと言う場合があるが）。

ふくろうの鳴き声を模倣した表現（擬声語）には、ほかに**ヘーヘー**、**ヒューヒュー**、**ブーブー**、**ビービー**、**クークー**、**キーキー**、**ギーギー**、**ゴロゴロ**などがある。

岩手県の海岸地域には**ダラスコデァー**が多く、九州には**コーズー**や**コーゾー**が多い。この地域では「ふくろう」をコーズードリ、コーゾードリと言っている。西日本各地には**フルツク**が比較的多いが、「ふくろう」の名称も同じフルックである。

新潟県から島根県にかけての日本海側の地域では、**ノリツケホーセー**や**ノリツケホーソー**と言うところが多い。ふくろうが鳴くと次の日は晴れるという俗信があり、日本海側は冬に晴天の日が少ないため、ふくろうの鳴き声が「糊をつけて干せ」または「糊をつけて干そう」と聞こえるのだと言われている。**ノリツケオケー**という所もあるが、これは「糊をつけておけ」であろう。おもしろいことに、ふくろうの鳴き声を**アシタテンキニ**、**アステンキ**、**アシタノヒヨリワエーンナ**、**アシタキテ**などと表現している地方もある。

千葉県・岡山県・広島県には**ボロキテホーコー**と言うところがある。このホーコーは「丁稚《でっち》奉公」の「奉公」であろう。ボロの着物を着て丁稚奉公をしている人がふくろうの鳴き声をそのように聞き取ったのだろうか。静岡県には**ゴロッチョホーコーセー**と言っているところもある。これは「しっかり奉公せよ」という意味かもしれない。千葉県の「ボロキテホーコー」の隣には、**タッシャデハタラケ**と言うところもある。

九州には**カナクソクーカ**（大分県）、**ハナクソクーカ**（福岡県）、**タレクソクワンカー**（長崎県）のような「糞を食う」の類が各地に見られる。命名の由来は不明であるが、民俗学的な観点から追究すればおもしろそうである。

そのほか、**ボーズノゴゲ**、**センツケマンツケ**、**カネツキャドーキャー**、**ソロットコーカ**、**ノマンニャククルカ**、**トーフイッチョークイタイナ**、**オカノダイノマメガクイタイ**、**タロータテタ**、**ブータロータテア**、などなど、興味深い表現が各地で生まれている。

以上のように、「ふくろうの鳴き声」には単なる擬声語（声の模倣）だけではなく、擬声語に意味を付与した表現が多い。意味づけの理由を追究することは言語学的、また民俗学的におもしろい課題である。

実は、動物の鳴き声の地域差（方言）は、ほとんど分かっていない。「犬」「猫」「鼠」「狐」「からす」「雉子《きじ》」「雲雀《ひばり》」など、さまざまな動物の鳴き声表現を全国各地で調べれば、おもしろい結果が出ると思う。

〈**にわとりの鳴き声**〉については、大分県に、**イッペノモヤーゴゴデモイー・コロッケー**（東国東《ひがしくにさき》郡）、**エタデモヨーイ・エタゴーロヨーイ**（北海部《きたあまべ》郡）、**オキンカー**（国東郡）、**ケッカイノー・トッテクオーカー**（大分市）、**アサガラヤー・コチジョノジョー・コノムラワー・コンゴーツキョーヤ・トーテンコーロ・トッテクード**（大分郡）のように、多くの表現があることが文献に載っている。一つの県にこれほど多様な表現があるのだから、全国的には膨大な種類の鳴き声表現があるのではないだろうか。

どくだみ（蕺草）――語源は「毒を止める」

全国的に最も広い分布を見せているのは、共通語の**ドクダミ**または**ドクダメ**で、東日本の大部分・北陸・中国東部に分布する。「どくだみ」は薬草であり、この名称は「毒を止める」という意味からの命名と言われている（文語「たむ」には「止める」という意味がある）。

近畿全域・四国全域では、**ジューヤク**である。この語形は、「どくだみ」の漢名「蕺草」と関係があると考えられる。ただし、「蕺」の音は「しゅう」であるから、なぜ濁音になったのかについては検討が必要である。「どくだみ」には「十薬」の表記も見られるから、それとの関連も考えられる。『日本言語地図』を見ると、東京はドクダミではなくジューヤクである。これは関西からの飛び火的伝播であろう（③）。

青森では**イヌノヘ**であるが、これは「どくだみ」の臭いにおいからの命名であろう。イヌノヘは、岡山と広島の県境付近にも見られる。

千葉・茨城・栃木・福島と、飛んで青森や岡山の一部に**ジゴクソバ**、**ジゴクグサ**が分布する。ジゴクは「地獄」で、この草の根が深いことからの命名であろう。

中国地方西部から九州北部にかけて、**ニュードーグサ**が分布している。ニュードーは「入道」であろう。ニュードーグサに隣接して**シビトグサ**や**シゴクグサ**が分布しているが、「入道（僧侶）」―「死人」は「地獄」との連想から生まれた呼称と考えられる。

鹿児島は、全域が**ガラッパグサ**である。ガラッパとは河童のことであり、『改訂綜合日本民俗語彙』（平凡社）には、この地方に古来、「この花が咲く頃にガラッパが海から上がり、小雨の夜陰に渡る」という言い伝えがあることが記されている。

福岡・静岡・千葉には、「蛙」と関係がある**ワクドグサ**、**ケァロッパ**が見られる。この地域の一部から、「蛙を殺してこの草をかけると生き返る」という言い伝えが報告されている。九州中央部の**ジャグサ**、**ジャコロシ**の「ジャ」は「蛇」であろう。茨城・福島には**ヘビクサ**という呼称も見られる。

琉球列島（奄美・沖縄）にはこの草が生育していないらしく、名称がない。

つくし（土筆）とすぎな（杉菜）

――つくし誰の子、すぎなの子

「つくし」と「すぎな」は、トクサ科の同じ植物で、杉菜の胞子の茎が土筆《つくし》である。昔は土手などに土筆がよく見られ、これを摘み取って食べたものである。近頃は土手がなくなり、土筆を摘んで食べる人はほとんど見かけなくなった。

土筆の古名は「つくつくし」または「つくづくし」であり、「つくし」はその短縮形である。「つくし」の語源については定説がない。柳田國男は『野草雑記』の中で「みおつくし（澪標）」との関係を論じ、小林好日《よしはる》は「土筆の系譜」の中で「つくし」と「とくさ（木賊）（常緑の多年草）」は語源が同じであろうと述べている。

〈土筆〉の全国分布を見ると、東日本には**ツクシ**や**ツクツクシ**が広く分布し、西日本には**ホーシ**、**ホーシ**（**ノ**）**コ**、**ヒガンボーズ**などが多い。ホーシは「法師」、ボーズは「坊主」であり、いずれも土筆の形状に由来する。ヒガンボーズは、土筆が春の彼岸の頃に生えることからの命名であろう。

近畿地方の大部分は**ツク**、**ツクツク**、または**ツクボーシ**、**ツクツクボーシ**である。後者はツクシ類とホーシ類の複合形である。**ズク**、**ズクズクシ**、**ズクンボー**、**ズクズクボー**など語頭が濁音のものもあるが、これは「つくづくし」という古名と関係があろうか。秋田南部から山形県庄内地方にかけては、**ズックペ**が多い。

東北北部には**スギナ**、**スイナ**、**シーナ**などが見られるが、この地域では「土筆」と「杉菜」を区別していない。香川県でも両者を区別せず**ホーシ**（**ノ**）**コ**と呼んでいる地域が多い。

〈**杉菜**〉は、全国の大部分が**スギナ**であるが、南東北から北関東にかけては、**ツギナ**、**ツギナンボー**、**ツギクサ**、**ツギノコ**、**ツギ**（**ノ**）**メ**など、「ツギ〜」の語形が見られる。この「ツギ」は「継ぎ」に由来するものであろう。ほかに、近畿と新潟の一部にも、**ツギツギ**という語形が見られる。

杉菜にはいくつもの節があり、節の部分を切り離したり、もう一度もとに戻したりすることができる。子どもはこれを切ったり継いだりして遊んだらしい。宮崎県に見られる**ドコ**（**ドコ**）**ツイダ**という呼称は、この遊びに由来するものであろう。このような文表現が物の名前になっているのは珍しい。

方言には、子どもの遊びから生まれたものも多い。「すみれ」は全国各地でスモートリグサ、スモートリバナと呼ばれているが、これは「すみれ」の花のつけねの曲がったところを引っかけて引っ張り、どちらが勝つかを競う遊びに由来する。近畿や愛知の一部に見られるジロボタロボも、すみれの花の首をひっかけて遊ぶときに、一方を太郎、他方を次郎と呼んだことに由来するという。

九州各地・高知・兵庫・京都などには、**マツ**（**バ**）**グサ**が見られる。これはスギナの杉を松に言い替えたものであろう。このような言い替えは、「とさか」を意味するエボシをカブトと言い替えるなど、方言の世界には例が多い（一一八ページ参照）。九州南部には、土筆と杉菜を区別せず、マツ（バ）グサと呼んでいる所もある。

琉球列島（奄美・沖縄）には、土筆にも杉菜にも名称がない。この植物が存在しないのであろう。ほかにも、本土に名称があって琉球列島にはない（おそらくその事物が自然には存在しない）ものに、「氷」「つらら」「しもやけ」「もぐら」「すみれ」「たんぽぽ」「どくだみ」などがある。

Ⅵ 遊戯

おてだま（お手玉）――北海道のアヤ（コ）は「あやとり」と同じ発想から

子どもの遊びの名称は一般に「方言量」（方言形の種類、⑧）が多いが、「お手玉」もその一つである。

「お手玉」の名称で最も多いのは、西日本から静岡にかけての広い地域に見られる**オジャミ**である。この名称の由来は不明であるが、あるいは各地に分布する擬音語（お手玉で遊ぶときの音）に由来する語形の一つかもしれない。以前、中国人の留学生から「オジャミを標準語として教えられた」という話を聞いたことがある。おそらくその日本語教師の出身地は西日本なのであろう。

共通語形である**オテダマ**の分布地域はきわめて狭い。まとまって見られるのは、東京と岐阜のみである。むしろ多いのは、オテダマに隣接して分布する**オタマ**（岩手・秋田・長野ほか）である。オテダマは、オタマから生まれた可能性もある。

北海道は、全域が**アヤ**（**コ**）である。青森もアヤ（コ）であり、この語形は青森からの移住者が北海道に持ち込み、広がったものであろう。北海道は共通語形が広がっている場合が多いが、「お手玉」は例外で、共通語形のオテダマはほとんど見られない（同様の例として「凍る」を意味するシバレルがある）。

北海道に共通語形が多い理由は、全国各地からの移住者が多様な方言を持ち込んだことによるコミュニケーションの障害を避けるためと考えられる。強盗に入られた家の人が隣家ではなく、かなり離れた同郷の人の家に逃げ込んだという話もある。

アヤ（コ）の名称は、糸を交錯させて遊ぶ「あやとり」と同じ発想による命名で、複数のお手玉を綾模様に交錯させて投げ上げる動作に基づくものであろう。お手玉をアヤ（コ）と呼ぶ地方では、お手玉遊びのことを**アヤ（コ）トリ**、**アヤ（コ）ツキ**、**アヤオリ**などと言っている。おそらく動作（遊び）の名称としてのアヤオリなどが先に生まれ、玉の名称としてのアヤやアヤコは、その動詞部分を除いてできたものであろう（アヤコの「コ」は東北地方に多い接尾辞である）。

滋賀県は、全域が（**オ**）**コンメ**である。この呼称については、お手玉の袋の中に米を入れたことによる命名との説があるが、この地方ではお手玉遊びのことを**コンメツキ**と呼んでいるから、むしろ米つきの動作と結びつくものかもしれない。

オヒトツ・オシト（茨城・栃木・大分ほか）、**ヒーフー・ヘーホー**（秋田北部・福島西部ほか）、**イチドリ**（愛媛西端）、**オイッコ・オイッチョ**（奈良・島根ほか）、**オサラ**（**イ**）（沖縄ほか西日本に点在）などは、この遊びをするときのかけ声や歌の文句に由来する。

ザック（新潟・富山ほか）、**シャコ**（佐賀）、**ガエキ**（宮城北部・岩手南部）などは、お手玉で遊ぶときの音からくる擬音語であろう。山形県庄内地方の**ザクロ**は、ザックの変化形と考えられる。佐渡の**タンタン**も擬音語だろうか。似た語形として、愛媛西端に**チャンチャン**がある。

全国各地に点在する**ナンゴ**、**ナンコ**、**ナナコ**、**イシナンゴ**などは、おはじきや小石などを握ってその数を当てさせる遊びの名称として各地で使われているから、それがお手玉の名称に転用されたものであろう。ナンコは、「何個」（握った石は何個？）」である。『日葡辞書《にっぽじしょ》』（一六〇三〜〇四年）に、碁石を握ってその数を当てさせる遊びとして、ナンゴが載っている。鳥取西部から島根東部にかけて見られる**コブ**（**イシ**）、**コボイシ**も、握る動作と関係があるかもしれない。

ススレ（奄美ほか）、**チョロ**（**ク**）**ジョ**（鹿児島）、**イキシ**（山口）、**シメダマ**（能登）、**ツカツカ**（山形県置賜地方）、**ザンメーシ**（宮城）、**シッチョコ**（富山・石川）の語源は不明である。

たこ（凧）——ハタは古く、イカが新しい

「凧」を意味する方言は、**イカ**、**イカノボリ**が近畿・北陸・新潟・中国東部に広く分布し、その両側の地域が**タコ**である。すなわちタコが「周圏分布」①をしており、タコがイカよりも古いと推定される。

タコのさらに外側の地域、東北北部と九州北部に、**ハタ**（**コ**）、**コバタ**、**タコバタ**、**タカバタ**、**トバタ**というハタ類が分布する（ハタは三重県にも見られる）。この分布から、ハタはタコよりもさらに古い名称であると推定される。すなわち、中央（奈良・京都）における「凧」の名称は、ハタ→タコ→イカと変化したことになる。

タコバタは、ハタとタコの複合形であり、タカバタは、「高く上がる」という意識によりタコバタが変化したものであろう。これは「民衆語源」②と呼ばれる現象である。しかし、タコ→タカの変化は、タコのkoがバタのbaの母音aに引かれてkaになった、「音韻同化」と呼ばれる現象かもしれない。

佐賀・長崎には、ハタ（コ）のほかに**トバタ**が見られるが、トバタは「トリ（鳥）ハタ」の変化であろうか。沖縄の宮古島に見られる**カピトゥズ**は、「紙の鳥」の意味である。

共通語のハタは「旗」を意味するが、ハタは「ハタハタ」という擬態語に由来し、風に「はためく」ものが「旗」や「ハタ（凧）」である。イカノボリのノボリは、祭りなどのときに掲げる「幟《のぼり》」に由来する。

江戸時代の全国方言辞典である『物類称呼《ぶつるいしょうこ》』（一七七五年）には「紙鳶　イカノボリ」の見出しで、「畿内にてイカと云。関東にてタコといふ。西国にてタツ又フウリウと云。唐津にてはタコと云。長崎にてハタと云。上野及信州にてタカといふ。越後にてイカ又イカゴといふ。伊勢にてハタと云。奥州にてテングバタと云。土州にてタコと云」とある（方言形については原典の平仮名を片仮名になおして示した。「西国」は九州、「土州」は高知県のこと）。

この『物類称呼』の記述は、『日本言語地図』の分布とかなり一致している。すなわち、明治・大正期における方言分布は江戸時代の分布状況と大差がないことになる。また、見出しが「いかのぼり」であることは、当時この語形が標準語と意識されていたことを示している。熊本に見られる**タツ**も、『物類称呼』の記述と一致している。

なお、『物類称呼』には、先の記述に続いて「上方ではイカヲノボス、江戸ではタコヲアゲル、東海道ではタコヲノボス、相州（神奈川）ではタコヲナガス」と言うとある。凧をあげる動詞表現に地域差があるのはおもしろい。

広島・山口の**ヨーズ**、長崎の**ヨーチュー**、**ヨーチョー**は、「凧」を意味する中国語の「鷂子」に由来するとも言われている。

沖縄本島の**マッタクー**、西表島の**ピキダマ**は、語源不明である（マッタクーのタクーはタコの変化）。『沖縄語辞典』によれば、那覇では「こうもり（蝙蝠）」に似ているので**カーブヤー**（「蝙蝠」の意）」とも言うそうである。

たけうま（竹馬）――「タケウマ」は今とはちがう遊びだった

共通語形の**タケウマ**、**タケンマ**（大部分はタケンマ）が近畿を中心とする地域と都区内・埼玉・栃木・群馬などに見られる。この分布は、タケンマが関西から江戸に飛び火的に伝播したことを示唆するものである③。

タケンマよりも勢力をもつ語形は、**タカアシ**と**サギアシ**、**サンゲ（ー）シ**である。両語形とも近畿のタケンマの両側に「周圏分布」①を見せている。もっとも、タカアシもサギアシも、「高足」「鷺足」という素朴な命名であるから、すべてが中央から伝播したものではなく、各地で独自に生まれた場合があることを考慮しなければならない（つまり、「方言周圏論」を適用してタケンマよりも古いと断定することは危険である）。

現在「竹馬」と呼ばれているものは、江戸後期から見られる新しい遊びであり、その意味でも、中央から離れて分布する語形が必ずしも古いとは言えない。以前の「竹馬」という遊びは、笹竹や竹竿を馬に見立ててまたがって遊ぶものであったという。また、「さぎあし」

とは、もともとは田楽舞の道具の一種で、「さぎあし」と呼ばれる一本の棒の上と中ほどに横木のあるものを指した。このような、現在の「竹馬」とは異なる遊びや道具が、（現在の）「竹馬」の名称に転用された可能性が大きい。

ユキアシ、**ユキゲタ**は「雪」に由来するものかもしれないが、この呼称は雪の多い地方には分布せず、京都南部・和歌山・徳島・大分・長崎の五島列島など、雪の少ない地方に見られるから、命名の由来については検討が必要である。

タカ〜類には**タカンマ**（宮城・岩手南部）、**タカチョー**（山形）、**タガンボ**（**ー**）（四国東部）などがあり、サギアシの変化形には**サンゲンアシ**（福岡ほか）などがある。**アシ**（**足**）類には、**アシ**（**コ**）が青森西部に、**アシダ**が岐阜の一部に、**ガンドアシ**が秋田北部に見られる。沖縄は、全域が**キアシ**である。これは「木足」であろうか。

そのほか、**アルキ**が高知の一部に、**ドッカ**が千葉北部・茨城南部に、**ツカンマ**が徳島に、**ガランチョ**が青森西部に、**ムタビ**、**ニタバ**が奄美諸島に見られる。大部分は語源不明であるが、アルキはユキアシやユキゲタの「ユキ」との関係も考えられる。

かたあしとび（片足跳び）

――「ケンケン」は西日本から伝播した表現

「片足跳び」とは、片足でピョンピョン跳ぶ子どもの遊びである。この遊びを表す標準語形・共通語形は何であろうか。『日本言語地図』は「片足跳び」を見出しに立ててあるが、『日本言語地図』で**カタアシトビ**の語形を回答した地点は、全国二四〇〇地点のうちの四〇地点にすぎない。

東京の若者にこの遊びの名称をたずねると、大部分が**ケンケン**と答える。しかし、『日本言語地図』では、都区内の大部分は**チンチン**、東京多摩地域の大部分は**シンコンコン**であり、東京でケンケンを回答した人は皆無である。

『日本言語地図』では、ケンケンはおもに近畿・中国東部・四国北部に分布する。したがって、東京の若者が使うケンケンが、関西からもたらされたことばであることは明白である（③）。時代がやや下るが、『東京都言語地図』（東京都教育委員会編、一九八六年）を見ると、老年層の地図では、都区内はチンチンが五名、アシコンコンが四名、ケンケンが一名である。しかし、青年層の地図を見ると、多摩地域を含めて東京はケンケン一色である。なお、『東京方言集』（斎藤秀一編、一九三五年）には、『方言採集手帖』（東条操著、郷土研究社、一九二八年）を引用し、「片足跳び」の幼児語として**チンチンモガモガ**が記載されている。

『日本言語地図』を見ると、チンチンの主要分布域は静岡西部（遠州）であり、この語形が都区内で用いられるようになった経緯はよく分からない。また、『日本言語地図』における北海道の分布は、内陸部の大部分がケンケンである。先にも述べたように、北海道に広く分布していることばの多くは共通語形であるが、一部に東北地方の方言形が優勢の場合があり（シバレル＝凍る、アヤ〔コ〕＝お手玉など）、また、ケンケンのように西日本系の語形が広く分布しているケースも見られる（ベニツケユビ・ベニサシユビ・ベニユビ＝薬指など）。

『日本言語地図』に見られる「片足跳び」の呼称はきわめて多様であるが、比較的勢力の大きい語形を北からあげると、**ステテンコ**（青森など）、**ステテギ**（岩手北部）、**ビッコ～**（宮城・山形・新潟北部・福島西部）、**アシガキ**（新潟西部）、**アシケンケン・アシコンコン**（福島東部・茨城・栃木）、**チンガラ・チンギリ**（長野・山梨・愛知・岐阜）、**リンリン**（山口西部）、**スケンギョ**（熊本・佐賀）、**スケコン**（宮崎）、**ギーター**（沖縄本島）などである。中部地方に広く分布するチンガラ、チンギリなどの「チン～」の語形は、隣接する静岡に見られるチンチンと発生的に関係があろう。

茨城・埼玉などに見られる**アシコギ**は、「足でこぐ」という意味だろうか。「こぐ」は「舟をこぐ」「自転車をこぐ」のように、手や足を上下・左右に動かすことである。アシコギは『日葡辞書《にっぽじしょ》』（一六〇三〜〇四年）にも載っており、昔は京都でも使われていたことが分かる。

なお、沖縄本島には、ギーターとカタアシトビが混在する。カタアシトビがまとまって分布するのは、全国で沖縄本島のみである。ギーターを方言と意識し、文章語であるカタアシトビを共通語形・標準語形と意識して言い替えたのであろう。沖縄には、ケンケンはまったく見られない。沖縄は関西方言の影響が小さいのであろうか。

沖縄にはギータームンドーという、片足跳びをしながら相手を倒す遊びがあるという。

えらび歌——♪どれにしようかな（天の）神様の言うとおり

目の前に、どら焼きと饅頭があったとする。それを交互に指さしながら「どれにしようかな。神様の言うとおり」と唱え、指が止まった方のお菓子を選択する、そんな唱えごとをしたことはないだろうか。

筆者の子どもの頃の唱え詞は上記のとおりであり、それに続くことばはなかった。ところが筆者のゼミの学生であった石井聖乃は、友達が違うことばで唱えていることに気づき、これを「えらび歌」と名づけて全国調査を実施し、「えらび歌の地域差に関する調査研究」と題する卒業論文を執筆した。その一部を紹介しよう。

まず、冒頭の文句は、「神様の言うとおり」という地域と、「天の神様の言うとおり」という地域に大きく分かれる。前者は東日本寄りに、後者は西日本寄りに分布する（図11・12）。「（天の）神様」の部分は、ほかに「うらのかみさま」「てんじんさま」「ほとけさま」「じじばば」などがある。

図11　かみさま

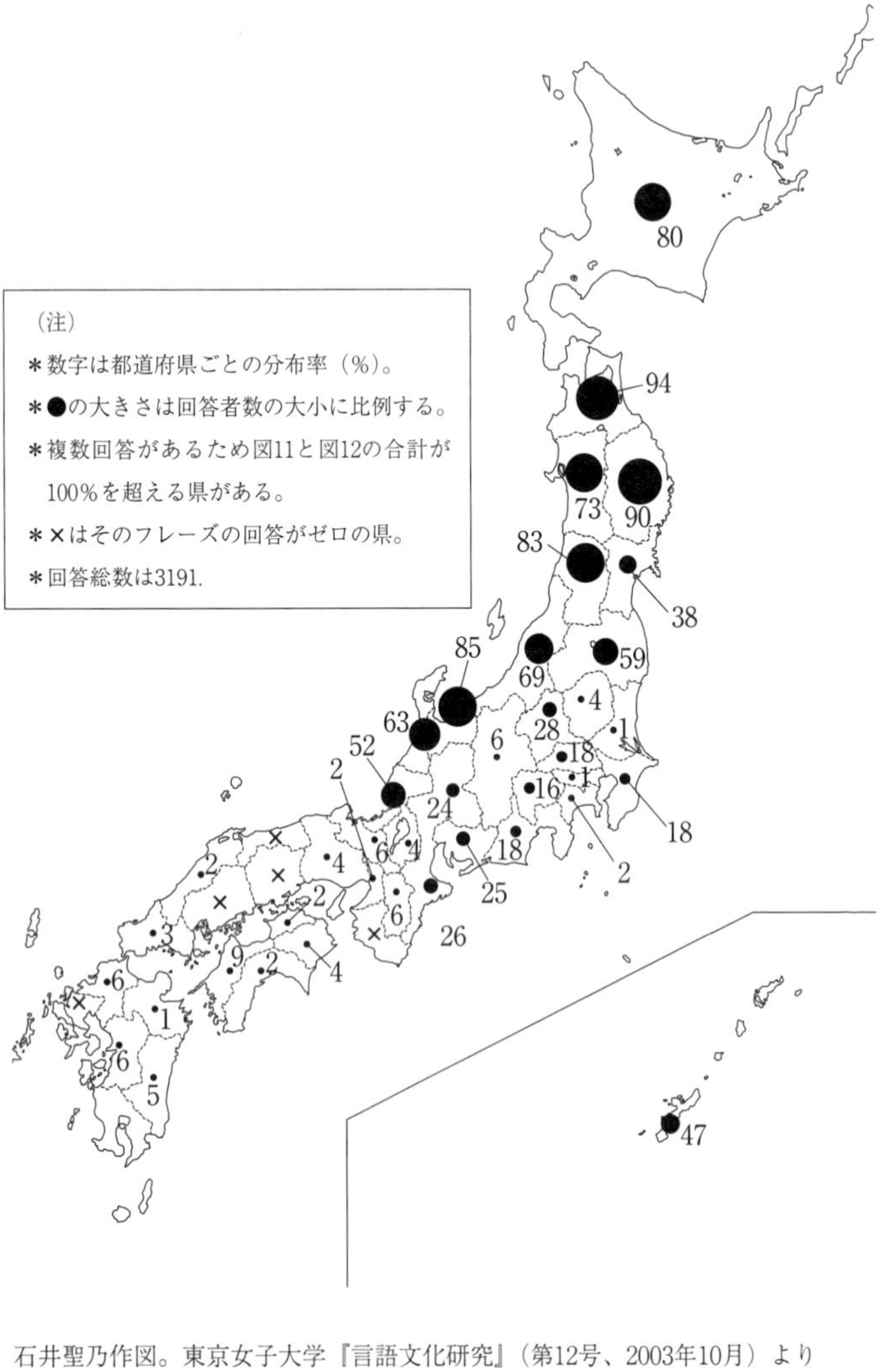

石井聖乃作図。東京女子大学『言語文化研究』（第12号、2003年10月）より

図12　てんのかみさま

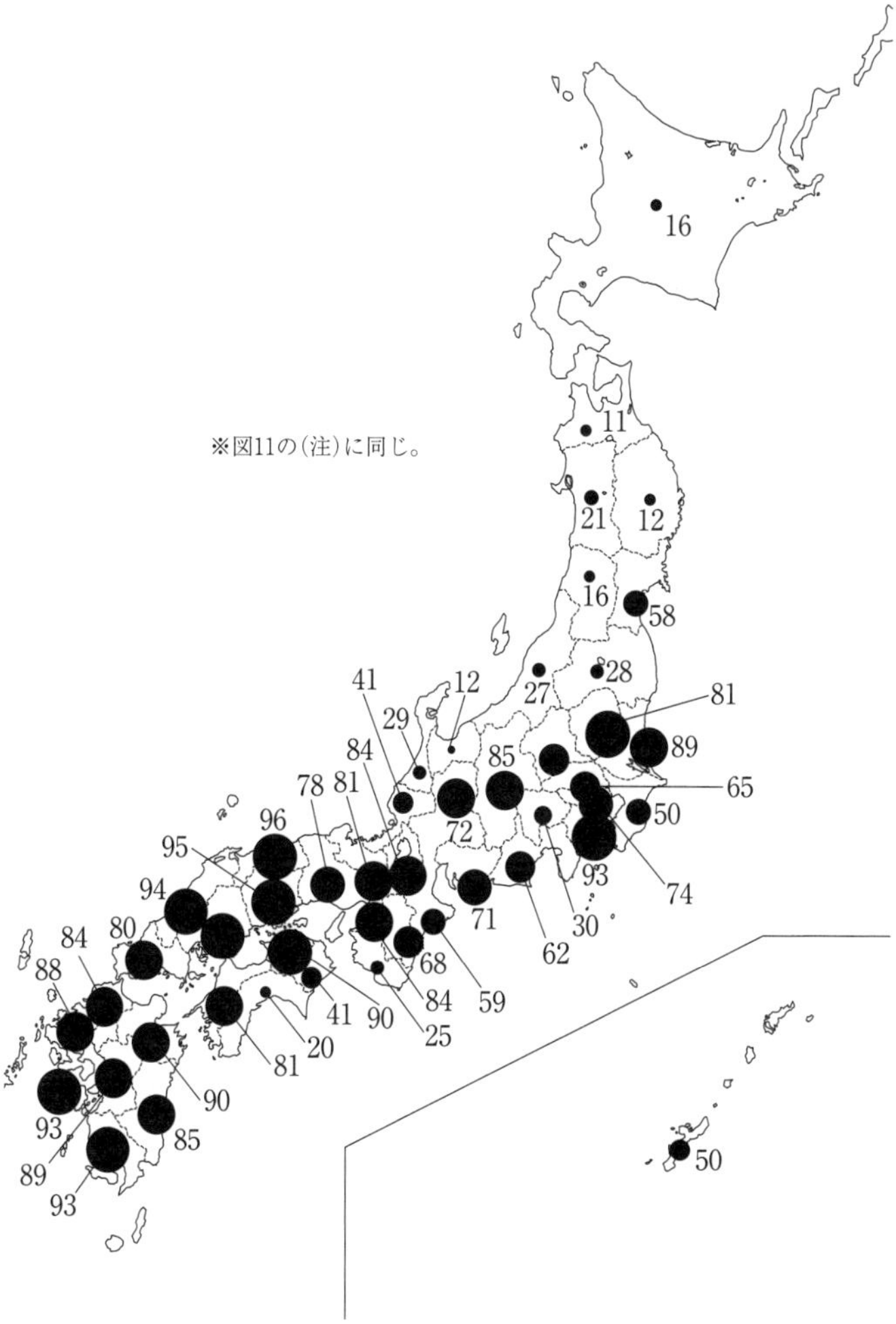

石井聖乃作図。東京女子大学『言語文化研究』（第12号、2003年10月）より

若い世代では、「（天の）神様の言うとおり」のあとに続く詞に、非常に多くのバリエーションがある。以下に例をあげる。

▽なのなのなすびのかきのたね、はげあたま、あかとんぼ、しろとんぼ（北海道）

▽へのへのもへじのかきのたね、ぴーちくぱーちくすずめのこ、きくのはな（青森）

▽すっぽろぽんのすっぽんぽん、まよねーず、あぶらむし、にんじんくってまっかっか（新潟）

▽なのなのな、あべべのべ、てっぽううってばんばんばん、もひとつおまけにばんばんばん（東京）

▽ぶっとこいてぶっとこいてぶっぷっぷ、一・二・三・四・五・六・七・八・九・十、あっぽいぽい（滋賀）

▽ぎっこんばっこん、ひよこのおさんぽうれしいな、あかしろきいろ（鳥取）

▽げげげのきたろうがへをこいた、かきのたね、あいすくりーむ、けけけのけむし（島根）

▽かっかのかっかのかきのたね、ねんねのねんねのねずみとり、りんりのりんりのりんごとり（広島）

▽てっぽううってばんばんばん、にんじんたべたらよくわかる、ばばばのおみやげちょこれーと（愛媛）
▽けっけっけーのけむし、ごはんつぶ、かきのたね、らんどせる（宮崎）
▽きんこんかんこんめ、あぶらむし、けむし、げっかすいもくきんどにち（沖縄）
「鉄砲うってばんばんばん」「あべべのべ」「なのなのな」などの表現は、全国各地に見られる。以下は表現類型別の分布状況である（数字は回答者数）。
▽鉄砲うって類（一〇六三）＝関東中心に分布
▽かきのたね類（一〇三八）＝西日本を中心に分布
▽あぶらむし類（三四五）＝西日本を中心に分布
▽数字類（三一四）＝和歌山・福井・滋賀・長崎
▽なのなのな類（二六〇）＝北海道・神奈川・東京・千葉
▽あべべのべ類（二三九）＝関東中心に分布
▽豆類（一三二）＝福島・静岡・宮城・新潟（「赤豆」「白豆」「茶色豆」など）
▽ごはんつぶ類（一一二）＝宮崎・熊本・福岡

▽けけけのけ類（一〇五）＝宮崎・福岡・大分（「けけけのけむし」など）
▽とんぼ類（九九）＝青森・岩手・千葉（「赤とんぼ」「白とんぼ」「塩辛とんぼ」など）
▽箱類（八〇）＝長野・茨城・埼玉（「玉手箱」「宝箱」「救急箱」など）
▽ろうそく類（七五）＝佐賀・栃木（「ろうそく一本たてた」など）
▽ぎっこんばったん類（六七）＝静岡・鳥取・島根
▽きたろう類（五九）＝島根・大分・山口・福岡
▽まわって類（四五）＝富山・徳島（「うらからまわって三番め」など）
▽花類（四四）＝青森・岩手・岐阜（「みかんの花」「ばらの花」など）
▽曜日類（二四）＝沖縄・宮崎・愛媛・神奈川・群馬
▽みかん類（一五）＝神奈川・長野・和歌山（「みかんのかわ」「みかんのたね」など）
▽汽車類（一三）＝秋田・石川・福井・滋賀・愛知（「おまけのおまけのきしゃぽっぽ」など）

以上のように、ある程度の地域性が認められるものの、飛び地も存在する。「（天の）神様の言うとおり」のあとに続く表現は高年層には認められないから、伝統的方言の分布とは異なり、この表現は近年に生まれ、短期間のうちに全国に広がったものと考えられる。

Ⅶ　文法的特徴の地域差

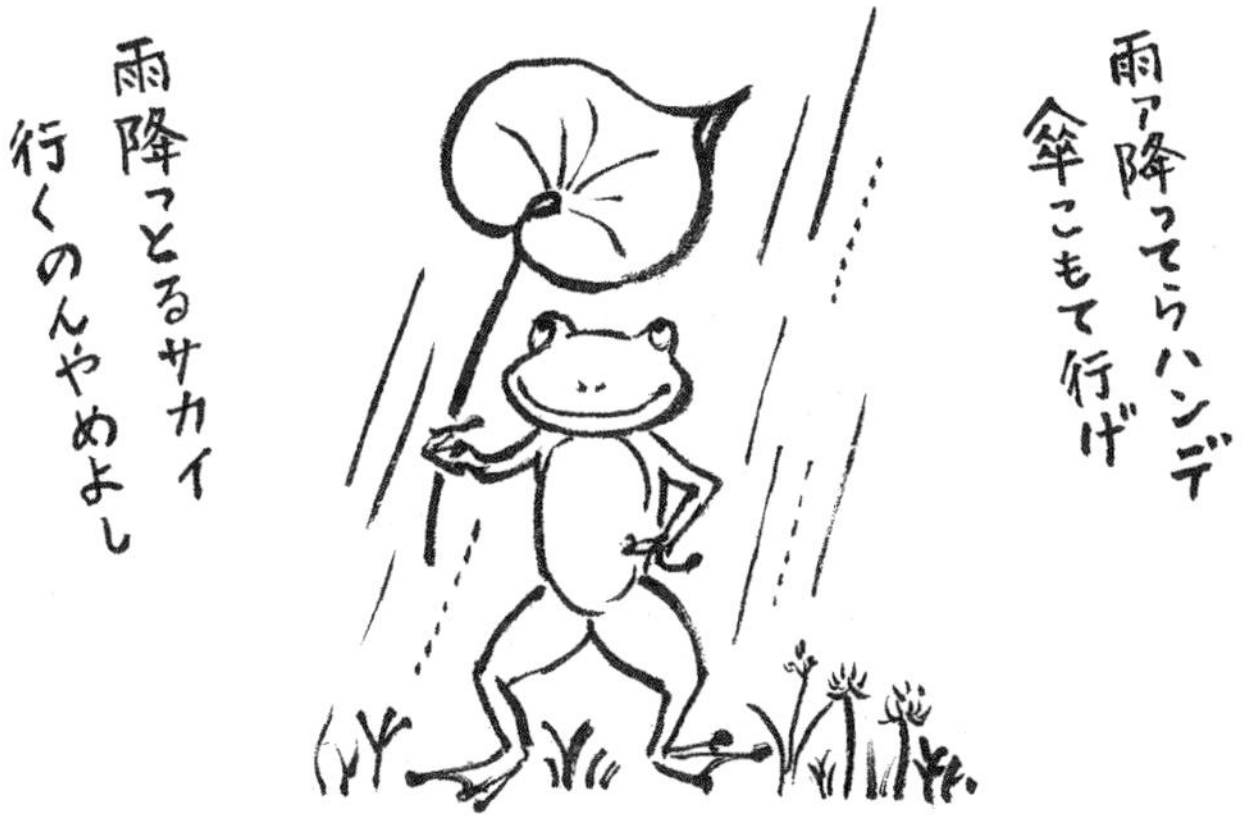
雨ァ降ってらハンデ
傘こもて行げ
雨降っとるサカイ
行くのんやめよし

「雨が降っているから」（接続助詞）

——♪俺たちゃ町には住めないからに

原因・理由をあらわす接続助詞の「から」には、きれいな地域差が認められる。共通語の**カラ**は、おもに関東地方で使われ、東北地方南部や西日本の一部にも見られる。

東北地方北部では、青森県津軽地方を中心に、**ハンデ**、**ハンテ**が使われている。

「雨ァ降ッテラハンデ傘コモテ行ゲ（雨が降っているから傘を持って行け）」（青森県）

近畿地方から北陸地方にかけては、**サカイ**が使われている。

「雨降ッタルサカイ、行クノンヤメヨシ」（京都）

この「サカイ」は、中世末期に関西で生まれた表現と考えられ、「さかい」のほか、「さかいに」「さかいで」などの形で、江戸時代に上方（関西）で盛んに用いられていたことがさまざまな文献からうかがえる。

「さかい」は名詞の「境」に由来するという説が江戸の民衆の間に広がっており、銭湯における町人の会話を題材にした式亭三馬の『浮世風呂』（一八〇九〜一三年）に次のような記述が見られる。

「そしてまた上方のさかいとはなんだへ」

「さかいとはナ、物の境目じゃ。ハ。物の限る所が境じゃによって、さうじゃさかいに、かうした境（さかい）と云のじゃはいな」

この語源説は民衆の俗説のようにも見える。しかし、名詞が助詞の用法に変化する例はほかにもあり、ただちには否定できない。たとえば、東北地方には「鳥トコつかまえる」「饅頭トコ食う」のように、助詞の「を」に当たる「トコ」の用法が見られる。この「トコ」は、「事（こと）」の変化で、つまり「鳥（のこと）をつかまえる」「饅頭（のこと）を食べる」という意味である。共通語にも「君のことが好きだ」という用法がある。

「雨が降っているから」の「から」も、「血筋」「素性」「品格」という意味の名詞「柄」に由来すると考えられている（「国柄」「山柄」「家柄」「やから（輩）」「はらから」）。

サカイは、新潟県などでは**スケ**に変化している。

「雨ガ降ッテルスケ、行グナイヤー」（新潟県出雲崎）

さらに山形県庄内地方では、「雨降ッタサゲ（ハゲ）行グナヤメレ」（雨が降っているから、行くのはやめろ）のように、「**サゲ**」「**ハゲ**」に変化している。この「スケ」「サゲ」「ハゲ」は、江戸時代に北前船が東北地方の日本海側の地域に運んだ関西弁の変化形であり、ほかにも例が多い（一二四ページ参照）。

近畿南部では、「雨降ッテルヨッテ（二）」のように、**ヨッテ**、**ヨッテニ**も使われている。これは、「よりて（依りて）」が変化した語で、かつては関西全域で使われていた可能性があるが、その後生まれたサカイに押されて使用地域が狭くなったと考えられる。

名古屋を中心とする中部地方全域と鹿児島県では、**デ**が使われている。

「雨ガフットルデ」（名古屋）、「雨ガ降ッチョッデ」（鹿児島）

このデは「ので」→「んで」→「で」と変化したものであろう。

静岡県は、東部（駿河）がカラ、西部（遠州）がデであり、**ンテ**もわずかに見られる。ンテは「にて」の変化と考えられ、東京都八丈島や秋田県でも使われている。

「雨が降ってアロンテ、行コワヤメロ」（雨が降っているから行くのはやめろ・八丈島）

富山県砺波《となみ》地方では、サカイ・カラ・デが複合して、**サカライデ**とも言っている。柳田國男も指摘しているが、北陸地方には西日本で生まれたさまざまな方言が集まり、富山県と新潟県の境にある交通の難所といわれた「親不知《おやしらず》」を越えることができず、「方言の吹きだまり」と言われている。

長野県を中心とする地域では、**ニ**を使う所も多い。『日本方言大辞典』（小学館）には次のような例が見られる。

「デッケエナギ（崖）ダニ登レズケエ」（長野県北安曇郡）

「タケァーニ（高いから）マケテモライテァ」（静岡県富士郡）

また、カラとニが複合した**カラニ**が、西日本各地で使われている。

「アノ淵ハアブナイカラニ、行クナヨ」（山口県）

「♪雪よ岩よわれらが宿り、おれたちゃ町には住めないからに」という「雪山讃歌」がよく知られているが、この歌は、京都府出身で京都大学山岳部の西堀榮三郎（のちに第一次南極観測越冬隊長）が、群馬県嬬恋村に合宿していたときに作詞したものである。

宮崎県東部では**カリ**と言っているが、これはカラニの変化と考えられる（karani → karai → kari）。

カラニとカリの中間形と考えられる**カライ**も存在する。

「出ケンジャッタカライ（できなかったから）」（鹿児島県種子島）

中国地方の大部分は、**ケー**である。「ジャケー広島」という広島弁を象徴する表現があるが、これは広島の人が「だから」という接続詞の「ジャケー」を多用するからである。

西日本各地には、**ケン**、**カイ**、**カイニ**、**キニ**などの形も見られる。

「雨ガ降ッチョーケン（雨が降っているから）」（島根県松江市）

「アノミカン酸《す》イカイホロー（あのミカンは酸っぱいから捨てよう）」（京都府葛野郡）

「ソヤカイニ、アカンユートッタナイカ」（富山県砺波）

「雨ガ降リューキニ（雨が降っているから）」（高知市）

これらの大部分は、「カラニ」の変化形ではないだろうか。（karani → kaani → kaai → kai → kee → ken）など。

沖縄本島は**クトゥ**（kutu）または**トゥ**（tu）である。

「アミヌフトークトゥ、イチュシェーヤミリ（雨が降っているから行くのはやめろ）」（沖縄県那覇市）。

「今日はいい天気だ」（断定辞）
――「ダ」「ジャ」「ヤ」は「である」の変化

断定辞は、**ダ**、**ジャ**、**ヤ**の三地域に大きく分かれる（図13参照）。「ダ」は、東日本全域と島根・鳥取に分かれて分布する。「ジャ」は、岐阜、近畿南部、中国・四国・九州に分かれて分布する。「ヤ」は、近畿を中心に広がっている。

この三つの形式は、すべて「である」の変化形である。

「**ダ**」は「である」の「る」が脱落して「であ」（dea）になり、さらに母音の［e］が脱落して「だ」（da）になったものである。「であ」の形は室町時代の狂言などに見られる。

「**ジャ**」は、dea → dya → zya のように、母音の融合によって生じた語形である。歴史的仮名遣いは「ぢゃ」であり、高知方言など「じ」と「ぢ」を区別して発音している地方では、[zya]ではなく[dya]と発音している。

「**ヤ**」は、「ソウヤロ」「ソヤナイカ」のように関西弁の代表として現在でも盛んに使われているが、これは「ジャ」（zya）の摩擦が次第に弱まって生じた（濁音がとれた）もので、江戸時代中期に関西の女性を中心に広がったと言われている。

筆者が「ジャ」と「ヤ」が接触する地域で経験した事実であるが、話し手本人（方言話者）は「ジャ」と発音しているつもりでも、聞き手（調査者）には「ヤ」としか聞こえないということがある。これは言語変化の過程でしばしば見られる現象である。

「先生がいらした」などの「いらした」という敬語形式は、明治・大正時代には「いらしった」または「いらっした」という促音形であった。夏目漱石の小説などに見られる会話文では、この促音形が普通である。おそらく「いらしった」「いらっした」が「いらした」に変化する過渡期では、本人の発話意識と聞き手の理解（聞こえ）の間にずれが生じた時期があったであろう。「いらした」は、「いらせられた」→「いらっしゃった」→「いらしった」（いらっした）→「いらした」という変化で生じたものである。

「ダ」は、東日本全域と島根・鳥取に分かれて分布する。これは二つの地域で「であ」→「だ」の変化が個別に起きたものと、一般には考えられている。しかし、いわゆる「ズーズー弁」も東北地方と島根県出雲地方（鳥取県西部を含む）に分かれており、両者（断定辞とズーズー弁の分布）にはなんらかの関係があるのかもしれない。仮説の一つは、この二つの地域はかつては連続していたが、関西から進出した「じゃ」「や」によって分断されたという考え方である（ズーズー弁の分布は、松本清張著『砂の器』でも取り上げられている）。

図13 “いい天気だ”の「だ」

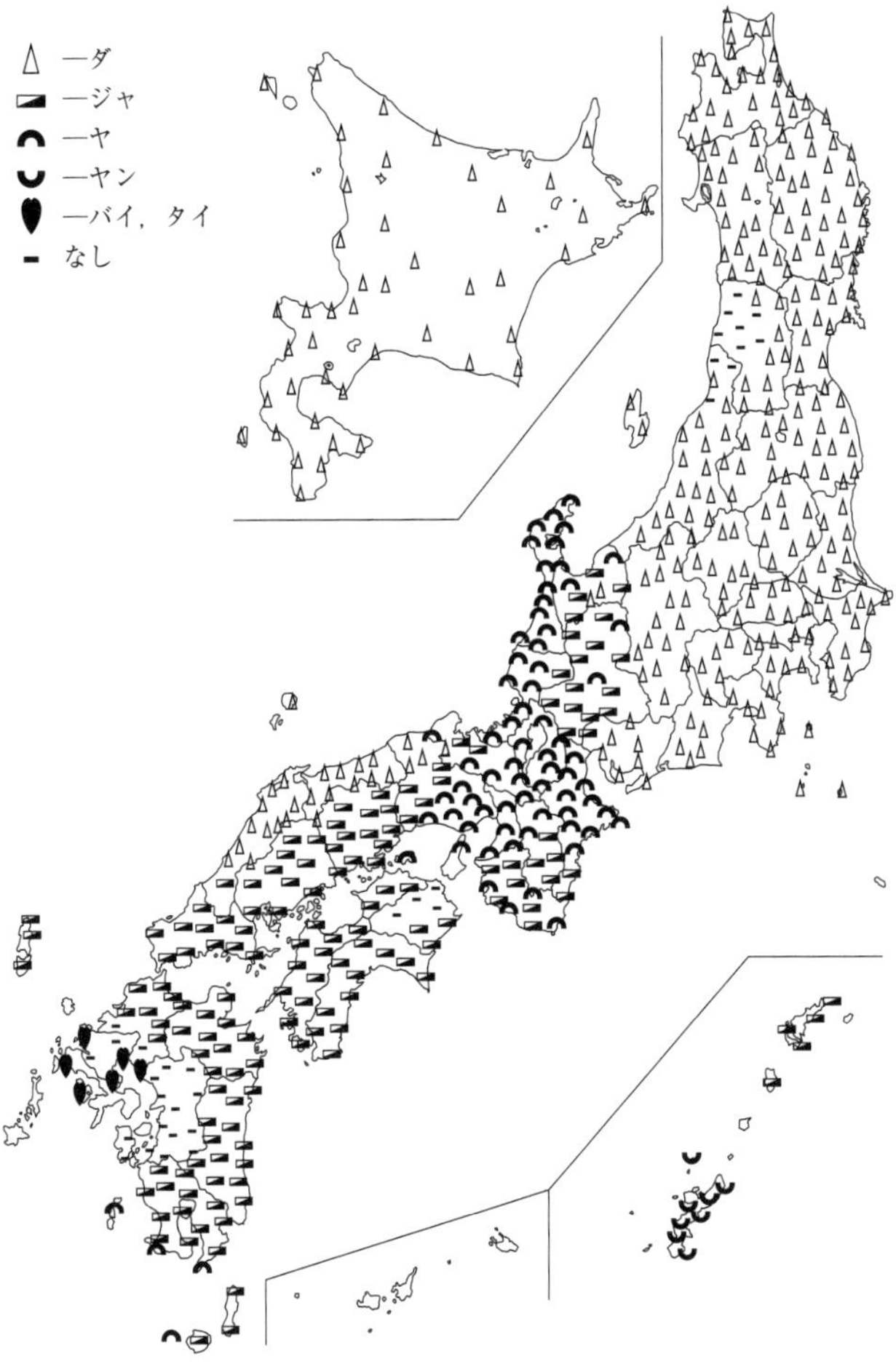

高田誠作図。徳川宗賢、W.A.グロータース編『方言地理学図集』(秋山書店) より

西日本では、関西弁がその周囲に勢力を広げつつある。九州は本来、「ジャ」が優勢な地域であるが、その後、「ヤ」の使用が増えつつあることが『九州方言の基礎的研究』（九州方言学会編、風間書房、一九六九年）などにうかがえる。

「ミカンを皮ごと食べた」（接尾辞）

――「グルミ」「ゴン」の表現も

「皮ごと」「皮のまま」の「ごと」「まま」に当たる方言は非常に多い。

共通語の**皮ゴト**という表現は、神奈川・東京・埼玉・群馬など、関東地方の一部でしか使われていない。

東北地方には、**皮ムンツケ**、**皮ムズラ**、**皮マズラ**が多い。

「マズラ」は、江戸時代の文献に現れる「～と一緒に」という意味の「まじくら」の変化と考えられている。たとえば浄瑠璃に、「あくびまじくらに立ち出づる」（あくびと一緒に・あくびをしながら出発する）という用例がある。

茨城県には、**皮グチラ**が多い。これも、「まじくら」と関係があるかもしれない。

石川県や福井の越前地方には、**皮モテラ**が多い。これも東北地方のマズラと関係がありそうだ。

山形県は、全域が**皮ガラミ**である。岐阜県は**皮グルミ**であるが、グルミとガラミは同系の語である。共通語にも、「山賊に身ぐるみ奪われた」「会社ぐるみ（会社全体で）協力する」のような用法がある。「身ぐるみ」は、「身をくるんでいる物を全部」という意味であるから、「ぐるみ」は「くるむ」という動詞と関係がある。

静岡県・長野県・愛知県（特に静岡県）には、サラが多い。**皮サラ**のほか、「靴サラ（靴のまま）家にあがる」のような用法もある。

近畿地方は、**皮ゴシ**、**皮グチ**が大部分である。このグチは、茨城県の**グチラ**と同じ系統と考えられる。ゴシは関西のほか、高知県でも使われている。

京都は、**皮ナリ**が多い。このナリは共通語の「戦争から帰って来た息子の顔を見るナリ泣きくずれた」の「ナリ」と語源が同じであろう。「顔をみるなり」とは、「顔を見た瞬間、そのままの状態で」という意味である。

中国地方にはいろいろな言い方があるが、最も多いのは**ゴメ**、**ゴミ**である。この言い方は九州の一部にもある。「そげな事はちっとも知らずゴメでいた（知らないままでいた）」（島根県出雲地方）のような用法もある。ゴメ、ゴミの変化形、**ゴン**も見られる。

「箱ゴン（箱のまま）でもらっていくぞ」（島根県隠岐島）

九州地方はいろいろな言い方が錯綜している。

佐賀・長崎・熊本には**ナガラ**、**ナガリ**が比較的多い。

「入れもんナガラもろーてよかろーかなた（入れ物ごともらってよろしいですか）」（佐賀県）

この用例の文末に見られる「なた」は、「あなた」が変化したもので、終助詞のはたらきをしている。

鹿児島県には、**トメ**、**トミ**が多い。トメは、「とも（共）」の変化であろう。「皮トメ食べる」とは、「皮と共に食べる」という意味である。

「の」と「が」の使い分け

――「先生の手ぬぐい」と「泥棒が手ぬぐい」

東北地方などでは、主語をあらわす「が」は話しことばの中では使わないのが普通である。たとえば、「雨が降ってきた」ではなく、「**雨降ってきた**」と言う。

古代の日本語では、助詞の「が」は、「君がため春の野に出でて若菜摘む、わが衣手に雪は降りつつ」（古今和歌集）のように連体格（共通語の「の」）であるのが普通であり、主語をあらわす「が」は発達していなかった。たとえば、『伊勢物語』の冒頭は、「むかし男ありけり」であり、「男が」にはなっていない。主語に「が」を付けない東北地方の用法は、このような古い日本語の姿を反映しているとも考えられる。

ところで、九州の佐賀県・長崎県・熊本県などでは、「**雨の**（**雨ん**）**降ってきた**」「**バスの**（**バスん**）**来た**」のように主格に「の」（または「ん」）を使う。

さらに、九州には、主語が尊敬すべき人であるかどうかによって「の」と「が」を使い分ける地域が佐賀・長崎・熊本・鹿児島の一部にある。

その地域では、主語が尊敬すべき人の場合には「の」を、主語が尊敬すべきでない人の場合には「が」を使う。たとえば、「**先生の来た**」「**泥棒が来た**」のように。所有（持ち物）をあらわす場合も同様に、「**先生の手ぬぐい**」「**泥棒が手ぬぐい**」のように使い分ける。このような「の」と「が」の使い分けは、島根県出雲地方にも見られる。

　尊敬する人物かどうかによる「の」と「が」の使い分けは、平安時代の京都にも存在した。『今昔物語』や『宇治拾遺物語』（一三世紀前半頃）には次のような話が載っている。「さた（佐多）」という名前の侍が、自分の破れた衣を女性に縫わせようとして、その衣を女性に向かって「これを縫え」と言って投げたところ、女性は衣を縫わずに和歌を返してよこした。その歌に、「われが身は竹の林にあらねども、さたがころもを脱ぎかけるかな」（私の身は竹の林ではないのに、佐多は着物を脱ぎ掛けるのね）とあったので、侍は「なぜ〈さたの衣〉と言わないで〈さたが衣〉と自分をばかにするのか」と腹を立てたという。

「の」と「が」の尊卑による使い分けは、少なくとも江戸時代初期までは京都にもあったようで、ポルトガルの宣教師であるロドリゲスが当時の中央語（京都語）を記述した『日本大文典』（一六〇四〜〇八年）にも見られる。

「能力可能」と「状況可能」

――「泳ガレル」と「泳グニイー」

共通語では、「私は一〇〇〇メートルは泳ゲル」「このくらいの波ならば泳ゲル」のように、泳ぐ能力がある場合でも、周囲の状況によって泳ぐことが可能だという場合でも、区別をせずに「泳ゲル」と表現する。否定の場合でも同様に、「私はまったく泳ゲナイ」「今日は波が荒いから泳ゲナイ」のように、「能力可能」と「状況可能」を区別しない。

しかし、方言によっては両者を区別する地域がある。

たとえば岩手県など東北地方北部では、「一〇〇〇メートル**泳ガレル**」（能力可能）、「このくらいの波ならば**泳グニイー**（**泳グニエー**）」（状況可能）のように区別する地域が多い。ただし否定の場合には、「私は**泳ガレネ**」「波が荒いから**泳ガレネ**」のように区別しない。

近畿地方などでは、能力可能は「**ヨー泳グ**」（肯定）・「**ヨー泳ガン**」（否定）、状況可能は「**泳ガレル**」「**泳ガレン**」のように、肯定・否定とも区別する地域が多い。

九州北東部（福岡・大分など）では、能力可能は「**泳ギキル**」（肯定）・「**泳ギキラン**」（否定）、状況可能は「**泳ガルル**」（肯定）・「**泳ガレン**」（否定）のように、肯定・否定とも区別がある。

九州北西部（佐賀・長崎付近）でも肯定・否定とも区別があり、能力可能は「**泳ギユル**」（肯定）・「**泳ギエン**」（否定）、状況可能は九州北東部と同じで、「**泳ガルル**」（肯定）・「**泳ガレン**」（否定）である。なお、「泳ギユル」「泳ギエン」の「ユル」「エン」は「得る」に由来する形式である。

山形市など山形県内陸部では、能力・状況の区別なく、「泳ぐことができる」は「**泳グイ**（**泳グエ**）」であるが、これは「泳グニイー（泳グニエー）」の変化形である。

鶴岡市など山形県庄内地方では、能力・状況の区別なく「**泳ガエル**〈泳ガレル〉の変化形）」と言う人が多いが、能力可能を「**泳ゲル**」、状況可能を「**泳ガエル**」と区別する人も少なからず存在する。この地域は本来は能力・状況とも区別なく「泳ガエル」など「〜える」形であったが、共通語の可能動詞「泳ゲル」「読メル」などが侵入した結果、両者を区別するようになったのかもしれない。

進行態と完了態――「花が散リヨル」と「花が散ットル」

共通語では、花が散りつつあるとき（まだ空中に浮かんでいるとき）も、散り終わって地面に落ちているときも、「花が**散ッテイル**（**散ッテル**）」と表現する。

しかし、西日本各地（中国・四国・九州の大部分など）では、両者を明確に区別し、「散りつつあるとき」は「**散リヨル**」で、散り終わっているときは「**散ットル**（**散ッチョル**）」のように区別する。

同様に、金魚が死につつあるとき（死にそうになっているとき）は「死ニヨル」で、死んで浮かんでいるときには「**死ンドル**（死ンジョル）」と言う。

「（ろうそくの火が）**消エヨル**」と言えば火はまだ消えておらず、消えそうになっている状態である。「**消エトル**（**消エチョル**）」と言えば消えてしまっている。

西日本では、花が空中に浮かんでいるときだけではなく、まだ枝に付いていて、今にも散りそうになっているときも「**散リヨル**」と言う場合がある。崖から子どもが落ちそうになっている場合は、「あぶない！ **落チヨル**ゾ！」と注意する。

このように、西日本の「〜ヨル」は、「〜しつつある」という状態と、「〜しそうになっている」という状態をあらわす。文法用語では、前者を「進行態または継続態（進行相・継続相）」といい、後者を「将然態（将然相）」と呼ぶ。「〜トル」は、動作が完了したことをあらわし、「完了態または結果態（完了相・結果相）」と呼ぶ。

「ヨル」と「トル」の区別がある地域では、「運動会をしている」ことを「運動会が**有リヨル**」と表現する場合が多い。

なお、近畿・北陸地方の大部分では、花が散りつつあるときも、散って地面に落ちているときも、「**散ットル**」と言う。両者を区別しない点は共通語と同じである。関西では、「〜ヨル」は軽蔑のニュアンスで使われることが多い。「あいつはいつまでも酒を**飲ミヨル**」のように。

「私は毎日歯を磨いている」のように習慣をあらわす場合は、中国・四国・九州では「**磨キヨル**」が多いが、「**磨イトル**」と言うこともある。青森県では「毎日歯を**磨イデラ**」と言う。

山形県の大部分では、過去形は共通語と同じ「〜タ（ダ）」であり、進行態は「〜ッダ」「〜デタ」「〜デル」のいずれかが使われる。「きのう海で**泳イダ**」に対し、目の前で泳いでいるときには「あそこで人が**泳イッダ・泳イデダ・泳イデル**」のように言う。「きのう泳いでいた」のような過去進行態は、「**泳イッダッケ**」のように回想の「ケ」を付けることが多い。

しかし、「売る」「飲む」などのように過去形が促音形や撥音形になる動詞では、「きのう**酒飲ンダ**（酒を飲んだ）」とか、（電話で）「今なにシッタ？（今何をしているか？）」と聞かれて「**酒飲ンダ**（酒を飲んでいる）」のように、過去形と進行態の区別がなくなることもある。「売る」の場合は、「去年、家**売ッタ**」「あの店でタバコ**売ッタ**（売っている）」「昔はあの店でタバコ**売ッタッケ**（売っていた）」のようになる。

「ラ抜きことば」と「レ足すことば」

——共通語化する「ラ抜きことば」

ラ抜きことばとは、従来の「見られる」「出られる」「来《こ》られる」（一段活用とカ行変格活用の動詞の可能形）という言い方から「ら」を抜いて、「**見れる**」「**出れる**」「**来れる**」という表現になる現象である。この表現は、今のところ標準語とは認められていない。

朝日新聞の短歌欄に、「音声のら抜き言葉がテロップで修整されて日本語となる」（篠原克彦）という歌が掲載されたことがある。ＮＨＫのテレビでは、出演者が「見れる」のようなラ抜きことばでしゃべっても、テロップでは「見られる」と修整されることを歌に詠んでいるのである。これは、現実の話しことば（共通語）と規範としての標準語とのずれを、たくみに指摘したものである。

確かにＮＨＫも国語審議会も、今のところ「ラ抜きことば」を標準語とは認めていない。アナウンサーが放送で「見れる」などと言ったら、非難されることは必至である。しかし、現在では「見れる」「来れる」のようなラ抜きことばは、高年層を含めて全国のかなりの人が使っているのではないだろうか。「共通語」とは、全国で広く使われている話しことばである。「標準語」とは、書きことばとして規範とされている言語形式である。ある程度の教養がある人なら、会話の中では「見れる」と言ったとしても、レポートや論文などでは「見られる」と書くだろう。

東京におけるラ抜きことばの発生は、かなり古い。中村通夫の論文によれば、一般には戦後急に東京に広まったと考えられているが、中村氏がこの現象に気づいたのは昭和三（一九二八）年であるという。また、当時、ラ抜きことばは、若い教養層の間で広く使われていたという。

五段活用（四段活用）動詞の可能形は、「読める」「歌える」などが標準語形である。ラ抜きことばは、ラ行五段活用動詞の「走る」「止まる」などの可能形である「走れる」「止まれる」の「～レル」形に引かれて発生したと考えられている。〈走る：見る→走れる：見れる〉という図式である。このような言語変化は「類推」（解説⑪）と呼ばれる。

⑪**類推**　勢力の大きい語形（群）に引かれて語形が変化する現象のこと。北海道や東北地方の日本海側では「起きる」「見る」の命令形が「起きれ」「見れ」であるが、これはラ行五段（四段）活用動詞の命令形「走れ」などに引かれて生まれたものと考えら

図14　「見レル」「起キレル」の使用率（東京）

（年齢層別）

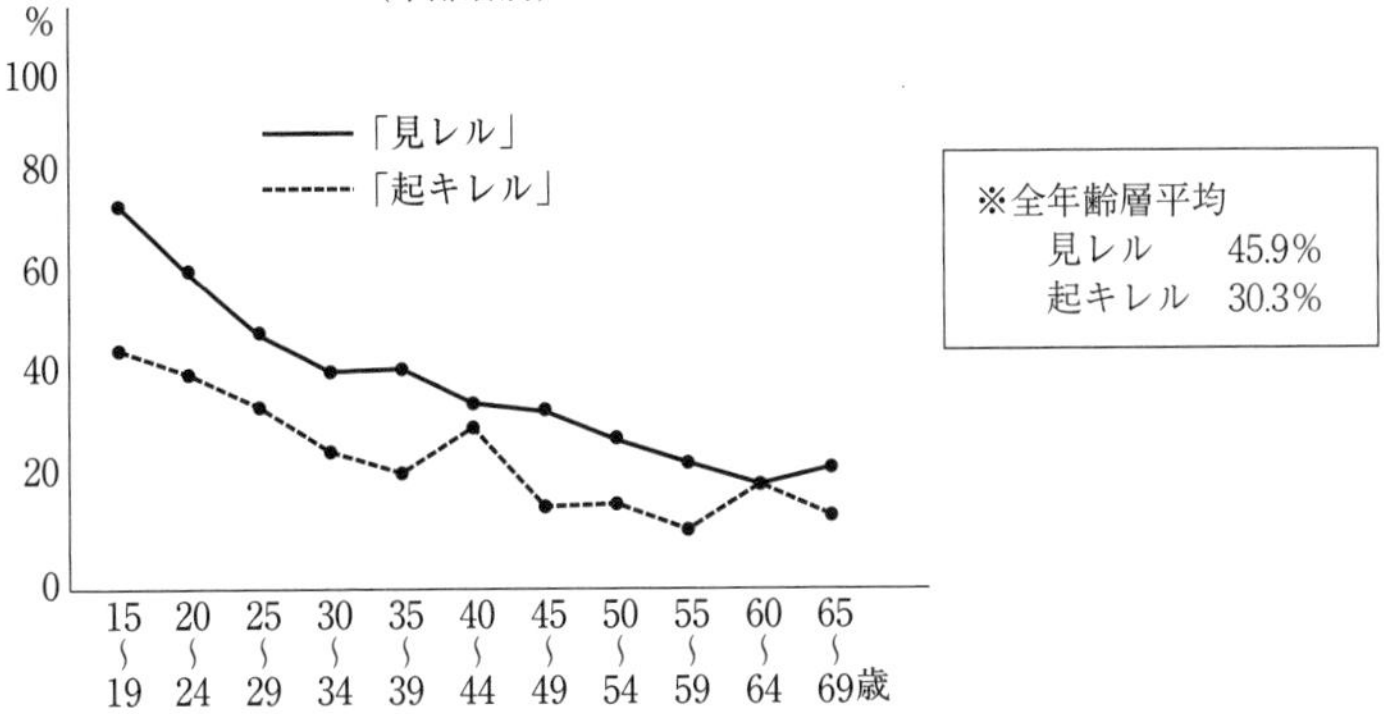

図15　「見レル」「起キレル」の使用率（大阪）

（年齢層別）

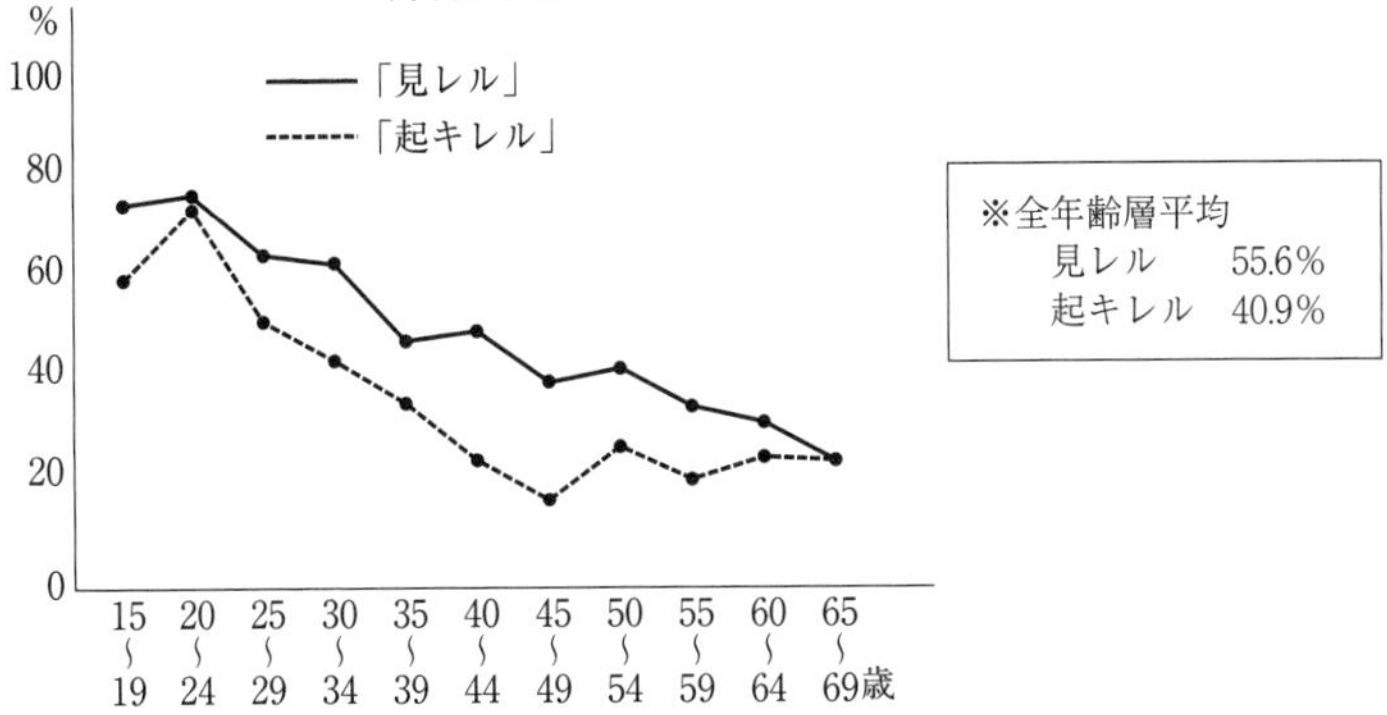

佐藤亮一作図。国立国語研究所編『大都市の言語生活』（三省堂）より

れる。北関東では「来る」を「きない・きる」のように活用するが、これは上一段活用の動詞の否定形（「見ない」「起きない」など）に引かれたものである。

可能表現に限定して使われるラ抜きことばは、受け身形や尊敬形と区別できるという利点がある。「明日八時に来《こ》れますか」と言えば「来《く》ることができますか」の意味であることは明白であるが、「八時に来《こ》られますか」では「尊敬」か「可能」かの判断がつかない。社長の運転しているクルマに同乗していた秘書が、「あの駐車場に止められますか」と尋ねたところ、社長が「おれの腕を疑うのか」と怒ったという話がある。秘書は「お止めになりますか」と尋ねたつもりなのに、社長は「止めることができるか」と言われたと思ったのである。

ラ抜きことばの使用状況には、明瞭な地域差と年齢差が認められる。国立国語研究所が一九七四〜七五年に東京で六五七人、大阪で三四九人を対象にした調査によれば、「見れる」「起きれる」の使用率は図14・15のようになっている。

すなわち、東京でも大阪でも若い世代ほどラ抜きことばの使用率が高く、両地域とも「見れる」は「起きれる」よりも使用率が高い。また、「見れる」「起きれる」とも東京より大阪で使用率が高い。ただし、高年層の「見れる」「起きれる」の使用率は非常に低い。国立国語研究所が一九二五（大正末）年以前に生まれた人を対象に調査した『方言文法全国地図』を見ても、東京都（多摩地域を含む）で「着れる」「起きれる」を回答した人は皆無である。したがって、東京におけるラ抜きことばの発生は昭和期以前であるとしても、急速な広がりを見せるのは戦後、とくに一九七〇年代以降ということになるのではないだろうか。

最近では、若者を中心に可能動詞「読める」「歌える」などにさらに「レ」を加えた「読めれる」「歌えれる」のような形式が広がりつつあり、研究者はこれを「レ足すことば」と呼んでいる。『方言文法全国地図』の「読むことができる」の状況可能の地図（電灯が明るいので本を読むことができる）を見ると、高知県全域と長野県南部に「**読めれる**」という「レ足すことば」が広がっている。高知県と長野県のこの分布は、伝播によるものではなく、「見れる」などへの類推により、それぞれの地域で生まれたものであろう。高年層にさえこのような「レ足すことば」が発生しているのであるから、若者の間の「読めれる」「歌えれる」のような「レ足すことば」は、今後ますます勢力を増すのではないだろうか。

Ⅷ　方言の現在

あっぱめは
ねてあっても
かえーしきゃの
うっしょまえ
けっちゃに着てで
いずいごだ
あっけづばご
たがいで
ちゃっちゃとうだれ

方言衰退の意識

現在では、日本人の大部分が、老いも若きも方言はなくなりつつあると感じているのではないだろうか。昭和三〇年代、筆者の学生時代には、方言調査のインフォーマント（方言を教えてくれる人）から「こんなことばを何のために調査するのか」という質問を受けることが多かった。今では調査に行くと、お年寄りたちが方言がなくなりつつあることを嘆き、「自分たちのことばをぜひ後世に残してほしい」と言いながら、すすんで調査に応じてくれる。

大分県豊後高田市《ぶんごたかだ》で一九八三年から開催されている「大分方言まるだし弁論大会」や、山形県三川町で一九八七年から一七年間続いた「全国方言大会」、一九九二年と九三年に岩手県大船渡市で開かれた「お国言葉交流大会」など、方言イベントの隆盛も、その背景には、方言衰退の意識と、それに対する危機感があると思われる。

共通語化することば

確かに、一旅行者として全国を旅するとき、よそものにはチンプンカンプンのことばを耳にすることはほとんどなくなった。聞こえてくるのは、多少なまりの入った共通語、すなわち「地方共通語」（解説⑫）ばかりである。三〇年ほど前には、沖縄でお年寄りに共通語が通じず、地元の人に通訳してもらったことがあるが、今ではどこの地方のお年寄りとも共通語で会話を交わすことができる。若い人は（よそものに対しては）、アクセントを含めてほとんど完全な共通語（東京地方のことば）で話してくれる。首都圏に生まれ育った人の中には、「今でも日本に方言があるんですか」などと不見識なことを言う人がいるが、それも無理からぬことである。

⑫**地方共通語**　地域共通語ともいう。地方の人（または地方出身の人）が話す方言的特徴が混ざった共通語のこと。現代日本人の多くは（東京出身の人を除いて）、あらたまった場面やよその地方の人と話すときには、地方共通語を用いている。全国に通用する言語を「全国共通語」と呼ぶこともあるが、その実態は地方共通語と同じであ

るとも言える。ただし、方言的特徴が混在しない東京方言（東京弁）のみを共通語（全国共通語）と呼ぶ立場（ＮＨＫなど）もある。

国立国語研究所編『日本言語地図』は、昭和三〇年代に一九〇三（明治三六）年以前に生まれた人を対象に調査した方言地図であるが、最近では、この地図を採集地で生まれた高年層の方々に見せると、「こんな方言は聞いたことがない」と言われることも少なくない。一九四八（昭和二三）年に設置された国立国語研究所は、『八丈島の言語調査』（一九五〇年）以降、地域言語の共通語化に関する調査報告を数多く発表しているが、そこに示されているデータは、項目による遅速の差こそあれ、方言の共通語化を示すもの、すなわち方言の衰退を思わせるものが多い。

方言と共通語――使い分けの時代

方言の共通語化がかぎりなく進行していけば、それは方言の消滅、すなわち、日本語の地域差の消滅を意味することになる。もちろん、実際にはそのような事態は起きないであろう。

まず、言えることは、共通語化が進んでいると思われる現在でも、各地に住む若い世代は依然として方言で会話しているという現実である。

筆者は山形県内陸部の山形市の出身であるが、同じ山形県である庄内地方〔鶴岡市・酒田市・三川町など〕の人たちどうしが話している会話は、若者の会話であっても七〇％は理解できない。国立国語研究所が二〇〇四年に鶴岡市で女子高校生の会話を撮影したビデオ「方言の旅」が教育用に発売されているが、その会話に至っては何度聞いても九〇％は理解できない。その会話が文字化されているので、参考までにその一部を記そう。

Ａ「なあ、このめーやー〔この前ね〕、あれ、あっこの〔あそこの〕何だっけなー、あ、クレープ食いさ〔食べに〕行ったなやの〔行ったんだよね〕。での〔それでね〕みんな、家族で行って……」

Ｂ「あー、なんか、かったそうだの〔堅苦しそうだね〕。いっぱいの」

Ａ「での、で、妹は、なんかやー、一緒に行くなが〔行くのが〕やんだっとか言うなや〔嫌だとか言うんだよ〕。なんか、おっとーがやー〔お父さんがね〕、あれだろ。おっとーと一緒にいんなが〔いるのが〕やんだはげ〔嫌だから〕だろ。

しかし、この女子高校生がビデオの中でよそ者の旅行者（女子大生）と話している場面では、完全な共通語である。若い世代ばかりではなく、近年は老いも若きも方言と共通語を無意識に使い分けて生活しているのである。

生き残る方言語彙

先の会話を見ると、「の」「はげ」「や」「さ」のような方言助詞が多用されている。日常生活で多用される文法的特徴は、単語（俚言）や音声よりも衰退しにくいのである。

しかし、俚言（方言語彙）の中にも日常生活で依然として多用されている語も少なくない。

筆者は二〇一二年九月に、山形県鶴岡市で高年層三十数名、中年層十数名を対象に方言語彙・文法・アクセントを調査した。その結果、語彙の場合、**ショース**（恥ずかしい）、**ウダル**（捨てる）、**ゴシャグ**（叱る）、**タガグ**（持つ）、**ボッコス**（こわす）、**イダマシ**（もったいない）、**ミジョゲネ**（かわいそうだ）、**コチョバデ**（くすぐったい）、**ウルガス**（水にひたす）、**ジョサネ**（簡単だ）、**チョス**（いじる）、**マガス**（水をぶちまける）、**クワル**（つまる）、**ダダコグ**（だだをこねる）、**ゾッパル**（自分の主張を言い張る）、**イシェコグ**（いい気になる）、**カラガグ**

（しばる）ほか、多数の方言語彙（俚言）について、高年層・中年層の大部分が「今も使う」「昔は使った」と回答した。

語彙の場合、日常生活で多用される動作や感情・感覚をあらわす語は残りやすい。この分野の語彙には、共通語に置き換えることが困難な微妙なニュアンスをもつものが多いからである。これに対して、「かまきり」「おたまじゃくし」「かたつむり」などの小動物、「つくし」「すみれ」「たんぽぽ」などの草花、「お手玉」「竹馬」「鬼ごっこ」などの遊戯名のように、昔の子どもが親しんだ事物の方言は衰退が著しい。今の子どもたちはパソコンゲームなどで遊ぶことが多く、自然に親しむ機会が減ったからであろう。

各地で生まれる新方言

伝統的な方言語彙が衰退する一方、若者の間に新方言（新しい方言）が全国各地で生まれている。

「新方言」とは、国立国語研究所が新潟県糸魚川市早川谷で一九六九年に行った調査で発見した事象に名づけた用語である。早川谷で「ものもらい（麦粒腫）」は、中高年層は**メボイト**（この語形は全国各地で使われている）であるが、川の下流で若者の間に**メボイタ**という新形が生まれ、この語形が川の上流に広がる様相を見せていた。メボイトの「ホイト」は「乞食」を意味する方言で、共通語の「モノモライ」と同様に、人から物をもらうとこの眼病が治癒するという俗信から生まれた方言である（六七ページ参照）。メボイタはこの眼病が痛いという意識で生まれた「民衆語源」②による語形と考えられる。「肩車」では、**カッカラカツ**地域と**カッテンドンドン**地域の中間地域の若い世代に**カッカリドンチャン**という「混交形」⑥が生まれていた。

その後、全国各地で新方言の調査研究が進み、たとえば、**シタッケ**（さようなら、北海道）、「**おはよう靴下**」（指先に穴のあいた靴下・東北南部）、「このケーキは**イキナリ**おいしい」（非常においしい、仙台）、**ウザイ・ウザッタイ**（気持ちが悪い・いやだ、東京）、**ヨコハイリ**（割り込み、神奈川）、**ケッタ**（自転車、愛知）、**シンケン**暑い・**シンケン**走った（すごく暑い・必死に走った、大分）などの例が報告されている。

北海道のシタッケは共通語の「じゃあね」に当たる表現だが、東北方言では「学校に行った。シタッケ休講だった」のように、「そしたら」の意味で使われていることばである。ウザイ・ウザッタイは、神奈川県から東京の八王子にかけて「気味が悪い」の意味で高年層に使われている方言が、意味をずらして東京の若者に使われるようになったものである。東京の若者が使う**牛ミタクナル**（牛のようになる）、**チガカッタ**（違っていた）は、北関東の方言であると言われている。共通語の「ご飯をヨソウ」を、東京の若者の多くは**ヨソル**と言うが、これは東北地方・北関東の**モル**と、共通語の**ヨソウ**の「混交形」であろう。ちなみに「ご飯を茶碗に入れる」ことを東北地方の一部では**ワケル**、西日本の一部では**ツグ**と言う。

高知の若者は、東京の若者が多用する「ソーナンダ」を方言に直訳して**ソーナガヤ**と言う。また、相手の話の内容を理解し賛成する応答詞（共通語の「そうだね」）に、**アーネ**が広がりつつあるという。鹿児島の若者は、「あの店のケーキはおいしいね」「**ダヨー**（そうだね）」のように、**ダヨー**や**ダカラヨー**を多用する。同じ鹿児島県でも奄美地方の若者は、「そうだね」を**チャーチャー**、または**チャンガー**と言うそうだ。

現代社会における方言の機能

戦前はもちろん、戦後も高度成長期の頃までは、方言をマイナスイメージをもつ言語として忌避する傾向が強かった。

明治政府は中央集権国家を確立するために、全国の言語を統一する必要があると考え、徹底的な標準語教育を行った。そのために方言蔑視の風潮が蔓延し、沖縄では学校で方言を使った児童の首に方言札を掛けてみせしめにするという懲罰まで行われた。

一九六〇年代の高度経済成長期には、全国各地の中学生が安い労働力として集団列車で東京に送り込まれたが、彼らの多くは共通語を話すことができず、方言を笑われて自殺する者もあり、研究者の間に「方言コンプレックス」ということばが使われるようになった。

しかし、近年、共通語の普及にともない「方言衰退」の意識が広がると、逆に方言の価値が見直されるようになり、方言を教育・生活・娯楽・教養・観光などの場に活用しようとする動きが広がった。小学校の国語の教科書でも方言は日常の言語生活に必要なものとされ、また日本語の歴史を反映する生きた資料として取り上げられるようになった。一方、方言のもつ味わいを利用したさまざまな商品が開発されている。

教育における方言

小学校の学習指導要領では、「発音のなまりや癖を直し、必要に応じて共通語で話す」（一九六八年）から「方言・共通語は身につけるべき大切な能力」（二〇〇八年）のように、方言の位置づけが変わった。国語教育で方言が重視されるようになって、小学校の国語の教科書で方言の章が設けられたことにより、さまざま副教材が刊行・発売されている。

ＮＨＫ教育テレビでは、二〇〇三年から幼児向けの番組「にほんごであそぼ」を放送している。この番組は毎週五日間、各一〇分の放送で、有名な文学作品の一節や各地の代表的な方言を寸劇風に紹介し、また、「雨ニモマケズ」「春はあけぼの」「私と小鳥と鈴と」などの各地方言訳を放送している。

春は朝っぱらがええ　だんだんすろっぽくなり
山のはじっぽが　あがりぐなってくっと
むらさきががった雲が　よごさ　ぬたばったみでぐなる
（春はあけぼの　福島県会津弁）

「にほんごであそぼ」は、「日本グッドデザイン賞大賞」（二〇〇四年）、「ゴールデン・アルベーナ国際エンターテイメント番組テレビ祭最優秀賞」（二〇〇四年）、「日韓中ＴＶ制作者フォーラム・エンターテイメント番組部門最優秀賞」（二〇〇七年）など、八つの賞を受賞している。

災害と方言

二〇一一年三月一一日に発生・襲来した大地震と大津波は、それに伴う原発事故を含めて、東日本を中心に大きな被害をもたらした。多くの人々が住み慣れた故郷を捨てて、長期間にわたり見知らぬ土地に居住することを余儀なくされた。今後ふるさとに戻れるかどうか見通しの立たない人々も多い。

この事実は、地域社会の崩壊、方言を含む地域文化の消滅を招来しかねない。ただでさえ伝統的な方言が失われつつある今日、貴重な方言の話し手である高齢者が少なくなれば、方言消滅の危機は目前に迫っているとも言える。

この状況に危機感を抱いた東北大学・岩手大学・福島大学・茨城大学などの方言研究者は、大学院生を総動員して、東北地方や北関東地方の方言の収集を精力的におこなった。とくに、お年寄りの方言会話の録音・文字化に力を入れ、これまでに『生活を伝える被災地方言会話集』（東北大学方言研究センター）、『方言がつなぐ暮らし・方言で語り継ぐ震災の記憶』（茨城大学杉本妙子研究室）など、数冊の方言会話資料（CD付）が刊行されている。この事業には文化庁も予算をつけて応援している。

これらの会話資料が将来の方言研究に役立つことはもちろんであるが、会話の内容には昔の生活ぶりを伝えるものが多く、また、今回体験した大災害の実情も庶民の目線で語られており、後世に残る貴重な歴史遺産と言える。地元の方言会話を音声で聴くことは、お年寄りの癒やしにもなり、その土地に住む子どもたちにも有益な郷土資料と言えるだろう。

日本には日本語が不自由な外国人も多く住んでいる。弘前大学では、災害時に行政機関が外国人に伝えるべき「やさしい日本語」の開発・研究をおこなっている。

二〇一一年の大震災では多くの医療関係者やボランティアが被災地に駆けつけたが、その人たちは、お年寄りの方言を理解することに苦労したという。東北大学は、ボランティアのための方言パンフレットも作成している。国立国語研究所の竹田晃子は、身体の異常などを方言で伝える『東北方言オノマトペ用例集』（二〇一二年三月）を作成した。「ぎやぎや」（腹がするどく痛むさま）、「だがだが」（動悸のはげしいさま）のような擬態語が収録されている。

東北大学方言研究センター『方言を救う、方言で救う　3・11被災地からの提言』（ひつじ書房）は、被災地の方言の特徴、方言の意義、研究者としての取り組み、今後の課題などについて総括的に記している。

商品・標語・ポスターにみる方言

方言に関する土産ものは、全国的にさまざまなものがある。戦前には「方言絵葉書」が各地で発売された。戦後は「方言手ぬぐい」が多い。そのほか、湯飲み、灰皿、キーホルダー、万華鏡など数多くの方言土産が全国各地にある。なお、方言研究者の故徳川宗賢氏が収集した方言グッズが、全国方言大会で知られる山形県三川町に寄贈されている。

鹿児島には九二四の焼酎の銘柄があり、その中には「おやっとさあ」(お疲れさま)、「きょらむん」(美女)、「よかにせ」(美男子)などの方言名が五〇近くある。有名な「いいちこ」は、「良いとこそあれ(一番良い)」に由来する大分弁である。ビールでは「びアっこ生」(東北、「こ」は東北弁の接尾辞)、「じょんのび」(新潟、のびのび)、「でらうま」(愛知、すごくうまい)、「広島じゃけん」(広島だから)という地ビールがある。

方言を利用した商品には、ほかに、携帯用ゲームソフトの「方言検定」や、「方言カーナビ」がある。「方言検定」は各県の代表的な方言を音声や文字で示し、その意味を問うものである。「方言カーナビ」には東北弁バージョンや関西弁バージョンなどがあり、それぞれの方言音声で道案内をしてくれる。実用というよりは遊びの一種とも言えるが、地元人にとっては共通語による案内よりも分かりやすく、かつ親しみやすいかもしれない。

看板やポスターには、「ゆっくり行こまいか」（愛知）、「シートベルトしちゃらんせ」（大分）、「あぶのおっせ」（京都）のような交通安全の方言看板が全国的に多い。「庄内さ、よぐ来てくっだの」（山形県鶴岡駅）、「おいでませ。山口」のような観光看板や、「チェスト行け」（「頑張れ」の意、鹿児島）のような甲子園の応援横断幕も見られる。二〇一一年の大震災後は、「がんばっぺ東北」の応援標語がポスターや電車・バス・トラックなどの車体に数多く見受けられた。

方言で遊ぶ

若者の間に、会話やメールなどで全国の方言をゲーム感覚で使う風潮が広がり、『かわいい方言手帖』（ふるさとなまり研究会編、河出書房新社）、『全国方言すらすらブック』（本の森辞典編集部編、コアラブックス）、『ちかっぱめんこい方言練習帳』（かわいい方言で日本を幸せにする会編、主婦と生活社）のような方言指南書が次々に登場した。田中ゆかりはこの風潮を「方言コスプレ」と命名して、社会言語学的に分析した。田中によれば、「方言コスプレ」（方言を用いたコスチューム・プレイ）とは、話し手自身が本来身につけている生まれ育った土地の方言とは関わりなく、日本語社会で生活する人々の頭の中にあるイメージとしての方言を演出することであり、関西人でもないのに「なんでやねん！」とつっこんだり、九州人でもないのに「お引き受けもうしたでごわす」と「男らしく」引き受けたり、東北人でも北関東人でもないのに「おねげえですだ」のようなことばで「純粋さ」を演出しながらお願いする現象を指す。

また、秋田方言、岩手方言、山形県酒田方言、山形県内陸方言、宮城県仙台方言、群馬方言、信州方言、東京都八丈島方言など、全国各地の「方言かるた」が制作・発売されており、百人一首を宮崎方言に翻訳したものもある。その大部分はＣＤ付きで、方言文を方言音声で読み上げている。

方言カルタの例をあげてみよう。

▽あっけづばご、たがいで、ちゃっちゃとうだれ
（ゴミ箱持ってさっさと捨てなさい）＝酒田

▽あがすけな、やろこあんつぁが、もうとしょり
（生意気だった若者がもう年寄りになった）＝山形

▽うっしょまえ、けっちゃに着てで、いずいごだ

（後ろ前、さかさに着ていてきつい感じだよ）＝仙台

▽あっぱめは、ねてあっても、かえーしきゃのー

（赤ん坊は寝ていてもかわいいね）＝八丈島

『信州茅野の方言カルタ』（信州茅野の方言カルタを作る会）はカルタのほかに言語地図（方言形の分布を示した地図）が付いている。たとえば、「ぞぜるな、やりもしなんで、しょぼろってぇ」（甘えるな、やりもしないで、小憎らしい）の札については、「ゾゼエル」（甘える）の分布地図が（別冊の地図集に）載っている。

明治学院大学ボランティアセンターの学生たちは、東日本大震災で大きな被害を受けた岩手県大槌町で、津波で流された地元の方言集『吉里吉里語辞典』（関谷徳夫著、ハーベスト社）の復刻に協力し、さらに「吉里吉里語カルタ」を作成した。例をあげよう。

▽朝な菓子《がす》、目覚めに食べる二ん度芋

▽さあ逃げろ、命を守るてんでんこ

「朝な菓子」とはいわゆる「おめざ」、「にどいも」は「じゃがいも」のことである。

これらのカルタの制作は単なる娯楽用ではなく、滅びつつある伝統的な方言を若い世代に

伝えようとする教育的意図もあり、小中学生を集めてのカルタ会も行われ、世代間の交流にも役立っている。

教養・文芸・ドラマ

一般向けに全国の方言を紹介・解説した本は非常に多い。方言地図には徳川宗賢編『日本の方言地図』（中公新書）、佐藤亮一監修『お国ことばを知る　方言の地図帳』（小学館）、真田信治『方言の日本地図　ことばの旅』（講談社）など、CDによる方言紹介には杉藤美代子監修『方言ももたろう』（CD-ROM「日本語探検シリーズ」富士通ビー・エス・シー）、斎藤孝『声に出して読みたい方言』（草思社）、坂井泉編『全国お郷ことば・憲法９条』（合同出版）、大原穣子『おくにことばで憲法を』（新日本出版社）など、方言辞典には佐藤亮一編『都道府県別全国方言辞典』（三省堂）などがある。

『全国お郷ことば・憲法９条』は、憲法九条を全国四七都道府県の方言に訳したものである。条文の直訳ではなく、その精神を汲んで意訳しており、県ごとにニュアンスが異なる。冒頭部分の例をあげてみよう。

▽わんど（私たち）津軽さ住んでる者は、みんなまどもな考えっこ持ってで、世のながあ（世の中）おがしぐなるごとのねえ、あずますぐ（心地よく）暮らしっこでぎる平和だせがい（世界）っこを心がら願っているんだ。（青森県南津軽郡）

▽俺どめゃ日本国民は、曲がったこちゃちっとも好かんと。そりゃあんた、地球には何百、何千ちゅう国や民族のおるとじゃけん、いろいろ考えの違うのは、当たりまえじゃろうが。（長崎県西彼杵郡）

方言詩集では津軽の高木恭造が有名であるが、『東北の方言詩』（山形県三川町教育委員会編）、やなせたかし『こんぺい糖の花』『青い鳥っこ』（サンリオ）のように全国から方言詩を募集して優秀作を刊行した本もある。また、方言川柳集に『仙台弁句辞典』（仙台文化出版社）など、古典を方言に翻訳したものに土居重俊『土佐日記　付方言土佐日記　全訳注』（高知市文化振興事業団）、中井和子『現代京ことば訳　源氏物語』（大修館書店）、舟橋武志『名古屋弁訳　仏説阿弥陀経』（ブックショップマイタウン）がある。そのほか、小説中の会話に方言を用いた作品は非常に多い。

『仙台弁句辞典』には、「口吸いはテレビで見てもオショスガス（恥ずかしい）」「オミョーニズ（お明日＝おやすみなさい）お茶腹で出るいい月夜」のような味わいのある句が多い。

『土佐日記』の冒頭の高知弁訳は、「おとこも、かくゆー、にっきとゆーもんを、おなンごも、やってみよーおもーて、かくぞね」（をとこもすなる日記《にき》といふものを、をむなもしてみんとてするなり）とある。このように文節のすべてに高知アクセント記号が付いているので、このアクセントのとおりに朗読してみると、高知弁のニュアンスが伝わってくる（傍線部分を高く発音する）。

会話の大部分が方言の漫画では、『博多っ子純情』（福岡）、『土佐の一本釣り』（高知）、『じゃりン子チエ』（大阪）などが有名である。青森の伊奈かっぺいは方言エッセイや、方言CDを数多く刊行している。方言研究者で医師の山浦玄嗣《はるつぐ》は、聖書のケセン語訳（岩手県気仙地方の方言・CD付）を数冊刊行し、ローマ法王に献呈した。NHKの朝ドラでは方言色豊かな全国各地の「ご当地ドラマ」がたびたび放送されている。

「方言コスプレ」という用語を創った田中ゆかりは、「生活のことば」として現実に使われている方言を「リアル方言」、それぞれの地域をイメージさせるために使われる方言を「ヴァーチャル方言」と呼んでいる。ドラマの中で使われる方言は、会話のごく一部に現在ではほとんど使われていない「ヴァーチャル方言」を使い、地域のイメージ喚起と「分かりやすさ」を両立させている。テレビドラマの中で「リアル方言」を使ったら、その地域以外の視聴者はほとんど理解できないであろう。かつて薩摩弁を使ったドラマで、字幕付きで「リアル方言」を用いた例があった。

方言の機能の変化

方言は生活の中のことばであり、地域社会の人々が方言を使わずに生きていくことは困難である。その点は昔も今も変わらない。地域社会の現代人の言語生活が昔と大きく異なるのは、すべての世代の人々が方言と共通語を使い分ける能力を獲得しており、別の言い方をすれば、共通語を使う能力がなければグローバル化した現代社会を生きていくことが困難になったことである。

方言研究者の加藤正信が四〇年以上前に指摘しているが、方言は地域差だけではなく、場面によって方言と共通語を使い分けるというスタイル（文体）の差を担うようになったのである。また、方言の衰退が意識されるにつれて方言の価値が見なおされ、教育、商業、文芸、娯楽など、さまざまな分野で方言が「活用」されるようになった。

筆者は山形県の高校を卒業して今は東京に住んでおり、出身高校の同窓生が集まるあるサークルに所属している。サークル活動が終わると飲み会が始まるが、そこでの会話を観察すると、共通語の中にときどき山形の方言が混じるという感じである。このように、共通語に生育地の方言の部分的要素をちりばめる用法を、アクセサリーの着脱になぞらえて「方言のアクセサリー化」と呼ぶ研究者もいる。

筆者は、地方を旅行すると中年または高年の女性がいる小料理屋で飲むことが多い。その店の女主人が話すことばは地元の客に対しては地元の方言、よそものの客である筆者に対しては「アクセサリー化した方言」、すなわち「地方共通語」⑫である。

「方言コスプレ」に見られるように、近年は方言で「遊ぶ」という風潮まで生まれ、研究者はこの現象を「方言のおもちゃ化」の時代と呼んでいる。この現象が一時的なものかどうかは長い目で見ないと分からない。しかし、完璧に近い共通語を話す能力をもつ若者が高年に達したときには、「方言のアクセサリー化」が全国的に広がっている可能性はあるだろう。

それぞれの地域で、どのような人が、どのような人と、どのような場所で、どんなことを話題にしているときに、どんなことばを使っているか、その実態を把握して日本語の将来を見通すことが日本語研究者の課題である。

【引用文献】

安部清哉（一九八八年）「〈旋風〉の変遷における方言分布の四つの層――古代語彙の二系列」『フェリス女学院大学紀要』第二三号
稲童丸克己（一九八二年）「日本酒のネーミング」『言語生活』三六三号
石井聖乃「（二〇〇三年）「えらび歌の地域差に関する研究」『東京女子大学 言語文化研究』第一二号
加藤正信（一九七四年）「現代生活と方言の地位」『言語』三―七
九州方言学会編（一九六九年）『九州方言の基礎的研究』（風間書房）
国立国語研究所編（一九六三年）『沖縄語辞典』（大蔵省印刷局）
国立国語研究所編（一九八一年）『大都市の言語生活』（三省堂）
小林　隆（一九八三年）「〈顔〉の語史」『國語学』第一三三集
小林好日（一九四〇年）「土筆の系譜」『文学』八―一一・一二
斎藤秀一編（一九三五年）『東京方言集』（私家版）、一九七六年に国書刊行会より復刻刊行
坂井　泉編（二〇〇四年）『全国お郷ことば・憲法9条』（合同出版）
佐藤亮一（一九七五年）「言語地図からみた〝しあさって〟と〝やのあさって〟」『言語生活』二八四号
佐藤亮一監修（二〇〇二年）『お国ことばを知る　方言の地図帳』（小学館）
佐藤亮一監修（二〇〇四年）『標準語引き　日本方言辞典』（小学館）
佐藤亮一編（二〇〇九年）『都道府県別　全国方言辞典』（三省堂）
仙台文化出版社編（一九八六年）『仙台弁句辞典』（仙台文化出版社）
橘　正一（一九三五年）「馬鈴薯の方言」『外来語研究』三―一

田中ゆかり（二〇一一年）『「方言コスプレ」の時代』（岩波書店）
土井重俊（一九八九年）『土佐日記　付方言土佐日記　全訳注』（高知市文化振興事業団）
土井忠生・森田武・長南実（一九八〇年）『邦訳日葡辞書』（岩波書店）
東京都教育委員会編（一九八六年）『東京都言語地図』（私家版）
東北大学方言研究センター（二〇一二年）『方言を救う、方言で救う　3・11被災地からの提言』（ひつじ書房）
徳川宗賢・W.A.グロータース編（一九七六年）『方言地理学図集』（秋山書店）
徳川宗賢編（一九七九年）『日本の方言地図』（中公新書）
徳川宗賢・佐藤亮一編（一九八九年）『日本方言大辞典』（小学館）
中村通夫（一九五三年）「「来れる」「見れる」「食べれる」などという言い方についての覚え書」『金田一博士古希記念　言語・民族論叢書』（三省堂）
日高貢一郎（一九九六年）「方言の有効活用」『方言の現在』（明治書院）
松本　修（一九九三年）『全国アホバカ分布考――はるかなる言葉の旅路』（太田出版）、一九九六年に新潮文庫に改訂収録
前田富祺（一九六七年）「指のよび方について」『文芸研究』五六号
柳田國男（一九三〇年）『蝸牛考』（刀江書院）
柳田國男監修（一九五六年）『改訂綜合日本民俗語彙』（平凡社）
柳田國男（一九五六年）『野草雑記』（甲鳥書林）

著者紹介

佐藤亮一（さとうりょういち）
1937年東京生まれ
東北大学大学院博士課程単位取得
前東京女子大学教授、フェリス女学院大学名誉教授
国立国語研究所名誉所員
主な編著書
『日本言語地図』（共編、大蔵省印刷局）
『方言文法全国地図』（共編、大蔵省印刷局・国立印刷局）
『日本方言大辞典』（共編、小学館）
『生きている日本の方言』（新日本出版社）
『お国ことばを知る　方言の地図帳』（監修、小学館）
『標準語引き　日本方言辞典』（監修、小学館）
『ポプラディア情報館　方言』（監修、ポプラ社）
『都道府県別　全国方言辞典』（編著、三省堂）

滅《ほろ》びゆく日本《にほん》の方言《ほうげん》

2015年9月10日　初　版

著　者　佐藤亮一
発行者　田所　稔

郵便番号　151-0051　東京都渋谷区千駄ヶ谷4-25-6
発行所　株式会社　新日本出版社
電話　03（3423）8402（営業）
03（3423）9323（編集）
www.shinnihon-net.co.jp
info@shinnihon-net.co.jp
振替番号　00130-0-13681
印刷・製本　光陽メディア

落丁・乱丁がありましたらおとりかえいたします。

JASRAC 出 1509444-501
ISBN978-4-406-05930-5　C0081